上市公司监管与治理丛书

# 关键股东持股变动
## 效果及动因

赵淑芳◎著

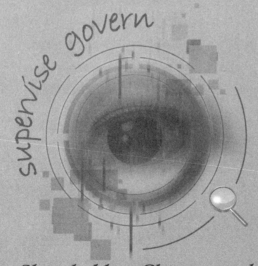

*Shareholders Changes and*
*Incentive Effect*

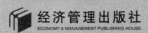

经济管理出版社
ECONOMY & MANAGEMENT PUBLISHING HOUSE

图书在版编目（CIP）数据

关键股东持股变动效果及动因/赵淑芳著. —北京：经济管理出版社，2018.12
ISBN 978 - 7 - 5096 - 5707 - 2

Ⅰ.①关… Ⅱ.①赵… Ⅲ.①创业板市场—上市公司—股权转让—研究—中国
Ⅳ.①F279.246

中国版本图书馆 CIP 数据核字（2018）第 053116 号

组稿编辑：王光艳
责任编辑：许　兵
责任印制：黄章平
责任校对：赵天宇

出版发行：经济管理出版社
　　　　　（北京市海淀区北蜂窝 8 号中雅大厦 A 座 11 层　　100038）
网　　址：www. E - mp. com. cn
电　　话：（010）51915602
印　　刷：北京晨旭印刷厂
经　　销：新华书店
开　　本：720mm × 1000mm/16
印　　张：11
字　　数：185 千字
版　　次：2019 年 8 月第 1 版　　2019 年 8 月第 1 次印刷
书　　号：ISBN 978 - 7 - 5096 - 5707 - 2
定　　价：58.00 元

# 前　言

截至 2018 年底，创业板已有 739 家公司成功上市。创业板市场的建立，完善了证券市场结构，满足了投资者多方面、多层次的需求，加速了创新技术向产业化的转变。创业板上市公司大多是创业型、中小型和高技术型企业。这类企业的公司治理结构与主板市场不同，其中关键股东持股变动的现象较为突出（关键股东包括实际控制人和高管）。

由于存在信息不对称和有效监控手段的缺失，关键股东滥用公司控制权赚取收益，使相关者利益受损，类似报道层出不穷。这不仅影响了公司的决策层面（如资本结构决策、投资决策等），也影响了公司运营管理等日常经营行为，致使处于被动决策环境下的二级市场投资人权益受损，合法权益得不到有效保障。此外，关键股东的持股变动直接影响企业和二级证券市场的稳定，也关系整个证券市场的长期健康发展。这一现象引起了市场投资者和学者们的广泛关注，也成为学术界的研究焦点。在以往的研究中，国内外学者更多地局限于股东市场行为动因及影响因素，而针对实际控制人和高管持股变动效果及动因的系统研究相对较少。

本书采用文献研究、定性与定量、理论与实证相结合和比较研究等方法，结合创业板市场特性，选择实际控制人和高管作为研究主体，对关键股东持股变动效果及动因进行了系统化研究。该研究一定程度上丰富了股东行为效应理论、公司治理理论，提供了一个新的分析视角；为投资者有效识别关键股东的增减持行为提供依据，为监管层规范、管理关键股东行为提供参考。研究结果不仅具有现实意义，还具有一定的理论意义。

本书研究内容主要有三大部分。第一部分为基础研究，包括第 1 章和第 2 章。首先阐述了本书研究的背景和意义，据此提出本书的研究论点；其次对关键股东持股变动效果和动因的相关文献进行梳理，基于理论基础之上，找到本书的研究点。第二部分为论文的核心内容，包括第 3 章、第 4 章和第 5 章。首先，对创业板总体情况、研究样本、研究方法做了详细的阐述；其次，在相关理论及模型的基础上，提出研究假设，围绕实际控制人和高管这两类主体展开研究，实证分析关键股东持股变动行为带来的经济后果，即研究关键股东增减持对公司绩效产生的影响，并将实际控制人和高管持股变动效果进行对比分析。最后，实证分析关键股东增减持股票的动因，对比分析了实际控制人和高管持股变动动因。第三部分为研究结论和建议，对全书研究进行总结和概括，针对管控关键股东的持股行为提出相应的政策建议。

本书通过研究得出的主要结论如下：首先，研究了实际控制人和高管这两类主体持股变动的经济效果。基于信息传递等理论提出研究假设，选取相关数据，对所提出的假设分别进行实证检验，研究结果显示，关键股东的持股变动与公司绩效具有显著相关，证实了二者存在动态内生性问题和跨期影响。其次，对比分析了实际控制人和高管这两类主体的持股变动的动因。详细解释了各个变量对持股变动的影响。由于高管与公司实际控制人之间存在着委托代理关系，二者的效用函数存在一定差异，因此，同样是减持和增持行为，二者动因是不完全一致的。高管主要追求自己的工资待遇及福利，以获取最大化的自身收益，而实际控制人增持股份更多地是为了稳定控制地位和获得私有收益。

本书的创新点：首先，构建了关键股东持股变动效果动态模型。在既有的相关研究中，大多直接将关键股东的持股比例和公司绩效进行回归，以此检验二者的关系，而本书选取的是关键股东在二级市场上的增减持比例。同时，结合创业板市场的股东构成差异及公司性质，将研究主体进一步细化为高管和实际控制人。鉴于此，构建了高管和实际控制人持股变动效果模型，检验二者增减持对公司绩效的影响。此外，基于股权结构的内生性和动态性视角构建模型，考察实际控制人与高管和公司绩效的动态影响关系，验证二者的跨期影响效应。其次，揭示实际控制人和高管持股变动的动因。通过建立关键股东持股变动动因模型，实证检验实际控制人与高管人员持股变动动因，并对二者的持股变动动因进行了详细阐述。最后，本书使用广义矩估计方法，采用动态面板数据，探讨关键股东持股变动效果及动因问题，检验了持股变动与公司绩效间的动态内生性和跨期影响，以提高解释的合理性。

# 目　录

# 第❶章

# 导论

## 1.1 选题背景

当前我国经济发展进入"新常态",经济增长模式发生转变,传统经济发展的"三驾马车"驱动力锐减,创新驱动成为经济发展的新引擎。具有"科技含量高""创新动力强"等特点的创业板企业有望成为我国经济增长的新动力。2009年10月30日,我国深圳证券交易所推出了创业板,该板块的出现是对主板市场的重要补充,有效地为创新企业、成长型企业搭建了融资平台,提供了便捷的融资渠道。创业板市场发展至今,已具有一定规模,截至2018年12月31日,上市公司数量达739家。以创业板上市公司为研究对象,不仅为就业、税收等微观层面的问题提供解决思路,还将有利于创新驱动力的培养和建设创新型国家宏伟目标的实现。因此,对创业板上市公司进行研究将具有非常重要的现实意义。

创业板上市公司治理结构与主板存在一定的差异,其中实际控制股东为自然人的现象较为普遍,且运用控制权谋取自身剩余索取权现象层出不穷。这不仅会影响公司的决策层面,如股东大会、董事会的资本结构决策、投融资行为等,也会影响上市公司的管理运营等日常经营行为,还会对广大二级市场上投资者权益构成侵占。加之信息不对称性和道德风险的存在,自然人实际控股股东常常会通过二级市场的增持、减持等行为,干扰二级市场上的股价,严重影响中小股东对公司的投资价值预估。

通过梳理2010~2015年创业板上市公司数据发现,实际控制人为自然人的创业板上市公司共有443家，占总上市公司数量的90%。随着创业板市场的逐步发展，越来越多的实际控制人选择直接持有上市公司股份（邵帅，2015），这种直接持股方式恰好为本书提供了实验环境。高管持股是现代企业制度对管理人员的奖励和激励制度形式的组合、现代企业制度创新的形式之一，也是公司实现有效管理的一种手段。高管持股是指高管人员拥有上市公司一定的股票期权及股票。股权收益是其薪酬的重要组成部分之一，将高管收入与公司经营业绩和股票市场价值捆绑。这种做法实现了高管个人利益和公司利益的紧密结合。因此，在一定程度上可以认为高管持股具有一定的激励作用，可以提高治理水平，促进公司健康发展。在我国创业板上市公司当中，高级管理人员持股已经相当普遍，如表1-1所示，上市公司高管持股占比均值为33.96%，可见其持股比例之高。

表 1-1　2010~2015年创业板上市公司高管持股一览　　　　单位:%

| 指标 ＼ 年份 | 2010 | 2011 | 2012 | 2013 | 2014 | 2015 |
|---|---|---|---|---|---|---|
| 高管持股比例 | 37.6 | 38.4 | 36.7 | 26.8 | 32.8 | 31.5 |

数据来源：根据 Wind 数据库数据，整理绘制。

近年来，关键股东持股变动的现象频频出现，其中减持现象尤为突出。如上市公司的 IPO 限售股纷纷解禁，市场迎来解禁洪峰，随着流通市值的大幅增加，关键股东的增减持行为越来越频繁，小动作不断。2012 年 10 月 30 日，最早上市的 28 家创始人股东限售期结束，一些关键股东的财富迅速膨胀，他们纷纷采取减持兑现账面财富。首次解禁数量共计 11.17 亿股，总市值高达 100 多亿元，当日换手率为 1.86%，这些数字无疑会冲击每个人的神经，势必给市场带来较大影响。

从市场情况来看，这些股票的持有者主要是公司的大股东及公司高管。他们不仅掌控着公司的大量股权，还是重要资金和人力资本的供给者，因此，关键股东具有信息绝对优势。他们会利用股权的控制优势进行盈余管理（张祥建，2006），也会利用其在资本运作上的优势去操纵二级市场股票价格，加之相关交易规则对这种行为的约束不够严格，使得套利现象频频出现。这一系列问题的出现，不利于创业板上市公司的长远发展，对广大投资者短期市场利益产生一定影响，严重伤害了投资者的投资热情，危害市场的整体信誉，动摇证券市场健康、稳定发展的基础。

近年来，学界对大股东及高管增减持行为方面研究很多，研究结果也得到了一定的认可。但研究主要集中在主板市场或其中某一行业，涉及创业板市场的研究相对较少，针对创业板上市公司关键股东持股变动的相关研究也很少。此外，由于创业板自身的独特性和重要性，实际控制人及高管持股行为必然与主板市场的不尽相同，以往的研究成果并不适用于创业板上市公司。鉴于以上分析，本书选择了实际控制人和高管持股为研究对象，结合创业板鲜明的特征，有针对性地对二级市场上关键股东的增减持效果及背后动因展开研究。

## 1.2　研究意义

### 1.2.1　理论意义

上市公司不仅是证券市场的主体，还是证券市场得以健康发展的基础。因此，关键股东持股变动既关系到企业自身和二级市场的稳定，又关系到整个证券市场的长期健康发展。本书通过对基础理论的深入研究，采用实际控制人为自然人的创业板上市公司为研究样本，探讨关键股东持股变动行为的效果及动因，以求证关键股东增减持行为的动因为目标，论证创业板企业关键股东增减持效果、动因及市场行为间的内在机理。本书的理论意义：

关于关键股东行为影响公司绩效的基础理论有很多，大多数是基于掏空效应理论及支持效应理论视角进行的研究。本书将研究视角转移至关键股东行为的经济后果方面，以期体现关键股东持股的动态市场行为特征，通过详细、全面的分析，得出适用于创业板市场的结论。这将为股东行为效应理论、公司治理文献提供重要补充和分析视角，丰富了关键股东参与公司治理的理论依据，有助于完善关键股东管控理论体系。同时，基于关键股东控制上市公司的前提，运用信号传递理论对关键股东增持行为进行解释，采用公司治理理论和委托代理理论对关键股东减持行为进行分析。这不仅为关键股东增减持行为影响公司绩效提供了新的理论解释，为投资者有效识别关键股东增减持行为提供理论依据，也为监管层规范、管理关键股东行为提供理论支撑。

### 1.2.2 现实意义

自 2009 年创业板开板以来，上市公司的股票价格经历了连番下挫。作为内部人的关键股东，掌握着大量的内部资源，在一定程度上，持股变动（增持或减持股票）的行为反映了他们对公司股价合理性、运营现状及发展前景的判断。同时，他们会利用企业内部信息，在二级市场上大幅增持、减持股票，赚取收益，这将严重损害中小投资者的利益。通过本研究，可以从制度层面上加强对市场运行的管理，规范关键股东的行为。同时，通过对关键股东增减持行为动因及市场行为之间的内在机理深入分析，有利于我们正确理解和掌握创业板上市公司关键股东增减持的动因，有助于探索控制关键股东增减持行为的有效方法和路径。

本书采用理论研究和实证分析方法，研究关键股东的增减持行为对公司绩效的作用机理。结合我国创业板的实际情况，从市场指标和财务指标两个维度评价公司绩效，经过实证方法检验了关键股东增减持行为对公司绩效的影响效果。较为全面地研究关键持股变动效应，可以制定出合理、有效的管理制度，为指导管理者实施有效的管理策略提供了依据；理论分析和实证检验结果为监管部门决策提供了理论依据和数据支持，为管理和规范关键股东的增减持行为和外部中小投资者投资选择提供新的依据。

## 1.3 核心概念的界定

### 1.3.1 高管

高层管理者是公司核心管理的群体，直接对公司经营管理、业绩、成长性等方面负责，决定着公司命运和发展方向。高管行为是控股股东、相关利益者、中小股东及其自身等利益主体间博弈的结果。在高管的相关研究中，通常将其分为广义和狭义两种。广义的高管包括董事、监事和高级管理人员，狭义的高管仅包括高级管理人员。理论界对高管定义没有达成统一，国内外学者分别提出了各自的界定标准：

国外学者在研究上市公司高管时一般选取狭义的概念，认为高层管理者是指公司首席执行官 CEO、总裁或总经理。其中，Jackson 和 Michel（1989）将其定义为参与公司重大决策的高级经理；Murray（1989）、Hanbrick（1994），Sander、Carpenter（1995）等指出，高管应包含董事会主席、副主席、首席执行官、总裁、副总裁等；Finkelstein、Hambrick（1989）在对高管的研究中提出其核心要素，即构成、过程、结构、激励和团队领导者。

国内学者对高管有着不同的看法。我国证监会将高管定义为在董事会和监事会报告上披露的高层管理人员。根据《中华人民共和国公司法》（以下简称《公司法》）的规定，高层管理者包含经理、财务负责人、董事会秘书等其他相关人员。在有关高管持股行为的研究文献中，将董事、监事列出到高管研究的范畴内（李锦文，2011）。结合我国创业板上市公司治理层和管理层重叠的现象较为突出，鉴于此，本文采用广义定义法，认为高管主要包括董事长、董事、独立董事、监事、总经理、副总经理、财务总监、董事会秘书等。

### 1.3.2　实际控制人

《公司法》将实际控制人界定为：不是公司的股东，但通过各种关系、协议的安排，可以控制公司行为的人。根据证券发行的信息披露内容与格式等准则规定，应对实际控制人做详细的披露，明确到某一自然人或者某一机构组织。依据上述的规定，可以认为实际控制人的披露应该是终极层面上的。鉴于此，本书把实际控制人界定为：依据上市公司的股权关系链，层层向上追溯到最大股东的股东，以此确定为终极的实际控制人。实际控制人通过直接或者间接方式持有公司股份，掌控公司控制权的终极实体。在我国的上市公司中，有的实际控制人是中央政府或地方政府，如国有上市公司；有的实际控制人是个人，如民营上市公司。实际控制人包含一切有能力控制公司行为的主体。与控制股东相比，实际控制人的外延更为广泛。

### 1.3.3 内生性与动态内生性

在公司治理和公司绩效关系的研究中，很多学者将公司治理机制等指标作为外生变量进行处理，没有检验内生性问题对研究结果可能带来的问题，这种研究思路称为外生性视角。与此对应的是，在实证研究过程中，考虑到内生性问题对研究结果造成的影响，这样的研究思路称为内生性视角。如果在实证研究中既考虑了内生性问题，又考虑变量之间的跨期影响，本书称之为动态内生性视角。

### 1.3.4 增减持行为的界定

目前，无论是法律法规，还是学术上对增减持尚无一个准确的定义。本书增减持是指某公司关键股东在某一会计期内的总体增减持情况。首先，增减持的衡量，可以使用增减持股份的数量、频率、比例和金额等，考虑各公司之间股本数量、股票价格等方面的差异，本书采用增减持的比例来衡量；其次，增持股份是关键股东在二级市场上增加持有本公司的股份比例；减持股份是指上市公司关键股东在二级市场上降低持有本公司的股份比例。即以关键股东名义在二级市场上交易，通过竞价交易实现股份的增减持有股份比例，以此来衡量减持或增持股份的力度。一般情况下，这种交易行为是正常的、规范的。依据证监会等部门的相关规定，增持和减持公司股票的相关信息应在公司公告中予以说明，可以认为这种交易行为是公开的、透明的。无偿划转、协议转让、继承、遗赠、依法分割财产获得公司股份而使得关键股东持股比例发生变动的行为，由于这些交易行为没有明确的动因，且有些不是自发性行为，不能有效地向市场传递明确的利好或利空信号，因此，本书未将上述行为纳入研究范围。

# 1.4　研究的思路、方法与创新

### 1.4.1　研究框架

本书主要内容有以下几点：

第 1 章：导论。首先，详细阐述了选题背景、研究的理论意义及现实意义；其次，对本研究中所涉及的核心概念进行了界定；最后，对研究思路、论文框架和方法进行说明，归纳总结本书的创新点。

第 2 章：基础理论与文献综述。首先，对信息不对称理论、信号传递理论、委托代理理论、股权结构内生性理论及内部人控制等理论进行阐述；其次，对国内外的研究现状，主要围绕实际控制人及高管持股变动效果及动因这两个方面的进行文献综述；最后，通过回顾国内外相关的文献，从中总结出国内外研究中存在的不足及改进的方向，进一步明确本研究的任务和目标。

第 3 章：研究对象与研究方法选择分析。首先，阐述创业板市场总体情况及创业板上市公司的特点，为后续研究对象的选取做好基础工作；其次，详细介绍研究对象选取的情况，从本研究设计的角度出发，对研究对象的行业分布、地域分布等方面进行分析，并就实际控制人及高管增减持行为进行详细阐述；最后，介绍本书所使用的实证方法，为后文的数据处理提供理论支持。

第 4 章：研究假设与模型设计。首先，依据第 2 章的理论基础和现有研究文献，结合第 3 章创业板企业的实际情况，提出相关研究假设并构建研究模型；其次，详细阐述关键股东持股变动效果与动因的研究设计。

第 5 章：关键股东持股变动效果及动因分析。基于第 3 章和第 4 章的分析，在收集和整理二手数据的基础上，采用动态面板数据，使用 GMM 方法分析处理数据，对研究假设进行逐一验证。此外，在考察高管持股变动的效果时引入企业生命周期理论，以期分析出不同阶段高管持股变动的效果。通过关键股东持股比例变动效果及动因的研究，以期提出直接持股变动与公司绩效关系的新证据，从股权安排的视角提出完善公司治理结构的路径，扩展公司治理研究框架。

第6章：结论与建议。对全书进行归纳总结，并依据研究的结论，就规范、管理关键股东行为等内容，有针对性地提出政策建议。

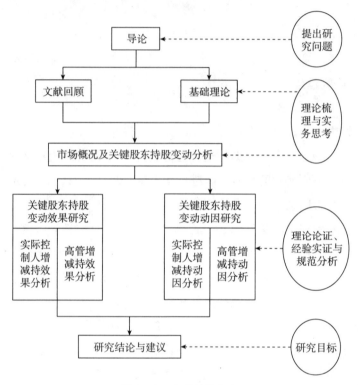

图 1 – 1　本书结构框架

## 1.4.2　研究方法

在本书的研究过程中，主要采用了文献研究法、比较分析方法和统计与计量方法。

### 1.4.2.1　文献研究法

围绕本研究的论题及目的，搜索阅读了大量大股东、高管持股等相关文献，通过对现有文献的搜集与整理，从而全面、客观掌握本研究现有成果与研究基础，找到本书的理论基础及研究落脚点。文献阅读为本研究提供理论依据、研究思路以及方法借鉴。

#### 1.4.2.2　比较分析方法

对比研究方法贯穿全文。通过对实际控制人和高管的增持、减持动因进行详细分析后发现，二者有相似之处，但也存在着较大差异。在研究高管持股变动效果时，对不同生命周期高管增减持的效果进行了比较分析。

#### 1.4.2.3　统计与计量方法

在数据的分析过程中，使用的统计方法与计量分析方法主要有：①描述性的统计。对研究样本的数据结构、各变量的特征等内容作了初步的统计分析；②相关性分析。通过相关性分析，可以初步考察模型中各指标的统计关系；③广义矩估计法 GMM。在回归分析过程中，采用 GMM 估计方法对构建的计量模型进行估计，同时采用更换解释变量等方法，对模型的稳健性进行了检验。

### 1.4.3　研究创新点

#### 1.4.3.1　构建关键股东持股变动效果动态模型

结合创业板市场股东构成的差异及公司性质，将研究对象进一步细化为高管和实际控制人。同时，在已有的相关研究中，大多直接将其持股比例和公司绩效进行回归，以此检验二者的关系，而本文选取了关键股东二级市场上交易数据，即关键股东在二级市场上买卖股份的比例。此外，基于股权结构的内生性和动态视角构建高管和实际控制人持股变动效果模型，检验关键股东的增减持行为对公司绩效的影响，并进一步检验了实际控制人与高管和公司绩效的动态关系及跨期影响效果。

#### 1.4.3.2　揭示了实际控制人和高管持股变动的动因

通过建立关键股东持股变动动因模型，实证检验实际控制人与高管持股变动的动因，并对二者持股行为进行对比分析。由于二者的效用函数不同，关键股东增减持动因也是存在一定差异的。实际控制人更多地是为了稳定控制地位和获得控制权等私有收益，高管主要追求工资待遇及福利，获取最大化的收益。

#### 1.4.3.3　使用广义矩估计方法

本书使用广义矩估计方法，采用动态面板数据，探讨了关键股东持股变动的效果及动因问题，检验了持股变动效果与公司绩效间的动态内生性和跨期影响，以提高解释的合理性。

第❷章

# 基础理论与文献综述

本章首先阐述了委托代理理论、信息不对称理论与信号传递假说、股权结构内生性理论及内部人控制等理论；其次围绕实际控制人及高管持股变动效果及动因这两个方面进行详细的文献梳理。

## 2.1 理论基础

### 2.1.1 信息不对称理论与信号传递假说

2001年诺贝尔经济学奖得主约瑟夫·斯蒂格利茨、阿克尔洛夫等人提出信息不对称理论。该理论主要观点是，通过信息优势获取收益。换句话说，信息优势方通过向信息劣势方传递有效信息而在市场中取得收益，同时，信息劣势方也会通过各种手段从信息优势方获取相关信息。通过对信息不对称理论的学习，我们可以知道，信息本身在整个市场经济活动中具有一定的价值和意义。在现实生活中，虽然信息不对称所导致的各种问题和风险是普遍存在的，但信息不对称理论对股市涨跌、信贷配给及就业与失业等现象做出合理的解释，已成为现代信息经济学的重要方法之一，被广泛地应用到各个领域。

此外，有关学者也展开了信息来源、信息数量、信息真实度、信息价值差异及相应风险承担等课题的研究，其中，对市场中独立行为人的研究是信息不对称理论最关键的内容。最早对该理论进行研究的学者是阿克尔洛夫、斯宾塞和斯蒂格利茨，他们的研究领域包括商品交易、劳动力和金融。其中，阿克尔洛夫（1970）在哈佛大学经济学期刊上发表的《次品问题》一文中首次对"信息市场"的定义进行了界定，并详细研究了二手车交易情况，指出二手车市场渐衰的主要原因是信息不对称。现实中信息不对称现象普遍存在，这使得信息劣势方因信息不充分而失去交易信心，拉高了商品交易的成本。

斯宾塞和斯蒂格利茨提出了企业和消费者如何选择商品的方法。他们从不同维度着手分析信息不对称问题，其中斯宾塞详细研究了劳动力市场，研究结果发现，招聘单位与应聘者之间也存在信息不对称，并提出了获得成本概念；而斯蒂格利茨以保险市场作为研究对象，指出在该市场中仍然存在信息不对称现象。

信息不对称在世界各国市场上普遍存在，但这种现象在发展中国家表现得特别突出。随着信息时代的到来，信息在市场经济中发挥的作用将越来越需要，同时，信息不对称理论也揭示出市场经济体系中存在的不足，尤其在环境保护、就业、社会福利、投资等领域，如果单独靠自由市场机制调节是不会产生最佳市场经济效果的。此时应发挥政府在整个市场体系中的指导作用，建立有效的市场监督机制，制定与市场经济匹配的制度，以减少因信息不对称和市场机制缺失造成的不良影响。

Michael Spence（1973）首先提出信号传递理论。买卖双方在市场交易过程中，存在着信息的不对称，信息优势方向信息劣势方传递信号来解决不对称问题，即通过对传递"信号"的解读，信息劣势方可以规范自己的行为。比如，在产品买卖过程中，卖方非常清楚产品的内在价值，但买方对此了解很少，难以判断出产品的真实价值和质量，所以买方只愿意支付市场平均价去购买该产品，但高质量产品的卖方不愿接受这样的价格。为了使购买方了解更多的产品信息，卖方通常会主动采取一些措施，比如，利用一定的媒介向购买方传递产品的相关介绍。诚然，信号在传递过程中是需要一定成本的。低质量产品的卖方因其模仿的成本过高，往往会放弃向市场传递产品质量信息的信号。购买方通过对卖方传递信号的分析，认为这种产品的质量更可靠，产品功能更有保障，所以，购买方愿意支付较高的价格购买这种高质量的产品，这会使得高质量产品的卖方在信号传递过程中赚取一定收益。这个例子说明在产品买卖过程中，信息优势方会通过向市场发出"信号"的方式把产品相关信息传递给信息劣势方，这种做法会降低由于信息不对称所带来的负面影响。

Ross 于 1977 年最先使用信号传递理论去解释公司财务方面的一些问题，并提出，外部投资者与企业经营者之间存在信息不对称现象。即内部经营者十分清楚企业收益的真实情况，而外部市场投资者却一无所知。为此，企业经营者会采用负债比率这一指标向市场传递出企业发展状况的"信号"。一般情况下，企业质量越好，其负债率越高。较差质量的企业，如果负债率过高，意味着企业破产的可能性越大，因此低质量的企业不会效仿高质量企业的这种做法。企业通过这种方式将内部的信息传递给外部市场投资者。投资者通过分析这些"信号"，会对自己的决策行为做出适当的调整，因此外部投资者的行为会影响企业运营活动及内部人的决策，从而影响到企业的价值。

### 2.1.2 委托—代理理论

随着现代企业制度的建立，公司所有权和经营权出现了分离，即股东不直接参与公司的日常运营活动，而是由专业管理人代为执行，因此，形成了公司所有者与管理者之间的委托代理关系。股东作为公司的所有者享有公司剩余收益索取权。委托—代理理论最初是由 Jensen 和 Mecking（1976）提出的。国外学术派大致可以分为两类，一类是实证代理理论，代表人物有詹森和梅克林；另一类是规范代理理论，代表人物主要有 Wilson、Spence、Zecbahauser、Ross、Mirrlees、Holmstrom。该理论的核心目的在于研究代理人与委托人之间的利益冲突问题。即在信息不对称的情况下，委托人应采取什么样的方式激励代理人，防止利益冲突和信息不对称导致的道德风险出现，以实现委托人利益最大化的目标。委托—代理理论的假设条件：一是双方有着不同的目标函数，代理方和委托方都被认为是理性经济人，二者都有动机去实现自身利益最大化的目标。在一定的程度上，这会使两者利益目标出现不同，股东的利益会因管理者自身利益最大化而遭受损失；二是代理方与委托方二者之间存在信息不对称的问题。委托人是信息劣势方，现实中处于信息劣势地位的委托人要想对代理人行为进行监督，其监督的成本是比较高的，甚至有时无法观测到代理人的行为。因此，代理人可能会违背委托方利益最大化的承诺。同时，委托方未直接参与公司的日常经营活动，他们对公司经营等方面信息的掌控具有一定的局限性，不能有效判断出公司业绩上升背后的原因，也无法准确识别管理者工作的努力程度，从而会引出道德风险和逆向选择等问题。

此外，公司的代理成本主要存在于股东与管理者、股东与债权人、大股东和中小股东之间。上述分析表明，股份制公司的股东（委托人）为了实现同风险、共收益的机制，会采取一种有效的能够促使管理者的利益与股东利益产生相互联系的激励手段。博尔和明斯（2009）也指出，股份制公司的两权分离使公司股东面临一个重要问题，即在公司股东利益最大化的行为准则下如何更好地激励管理者。降低代理成本的途径归纳起来主要以下几点：一是改善经理报酬结构，设计行之有效的约束机制、激励机制，有效地将委托人目标与代理人目标结合起来，使代理人享有更多的剩余索取权，充分调动代理人的积极性；二是实施严格监督和有效评价机制；三是改进企业治理结构，建立风险共享激励机制；四是通过市场的竞争机制，约束和规范管理者的行为。

在委托—代理关系下，管理者持有公司一定的股权是实现双方利益趋同的长期有效机制。股权的激励机制不仅会增加管理者收益，也防止了由于信息不对称而导致的道德风险问题，进一步促使管理者的运营决策具有长期性。

### 2.1.3 股权结构内生性理论

Demsetz（1983）最早提出股权结构内生性问题。之后，国外学者在研究公司治理时开始关注内生性问题。Demsetz 指出，公司在追求利润最大化过程中，各个因素相互作用会形成一个均衡的股权结构，因此会产生一定的内生性问题。目前，认为内部人持股具有内生性问题的支持者越来越多。Kole（1996）认为，在业绩较好的公司中，大股东更愿意采用股权的方式激励经理层，所以高管们持有公司股份的比例也会较多。Choe（1998）指出，当管理层预期企业有较好的经营业绩时，他们会索要一定的股权作为薪酬福利，由此可知，业绩越好的公司经理层持股份额也越高。Hubbard、Himmelberg 和 Palia（1999）在 Choe 的基础上，运用工具变量和固定效应模型对公司绩效有影响又不可观察的因素进行控制，消除了股权结构内生性后，发现管理层持股对公司绩效无显著影响。Chi（2005）指出，股权结构的内生性来源，一个是公司绩效与股权结构相互影响或公司绩效单向影响股权结构；另一个是公司绩效与股权结构共同受一些可观测和不可观测的外生因素影响，如果遗漏了这些变量，会使得结果产生一定偏差。

近几年，国内学者也开始了从内生性视角研究股权结构。宋敏、张俊喜和李春涛（2004）认为，与上市公司控股股东相比，非控股大股东持股内生性问题更严重，但使用外部董事比例、A 股比例和年末股东人数这三个工具变量控制内生性问题后发现，上市公司非控股大股东对绩效的贡献率有促进作用。郭繁（2005）构建公司绩效、公司投资和内部所有权三个联立方程模型，考察股权结构内生性，将单方程与联立方程的回归结果进行对比分析，发现实证的结果出现较大差异，证实了股权结构内生性问题会对结果产生影响。张俊喜和李汉军（2006）实证分析发现，治理机制与公司绩效有较强的内生性关系，二者具有相互影响。曹廷求、孙宇光和杨秀丽（2007）研究表明，如果不考察股权结构的内生性问题，回归结果显示股权结构与公司绩效之间的关系是不稳健的；但考虑股权结构内生性之后，实证结果显示，主要变量间的稳定性有了一定的提高。杜亚斌和骆振心（2008）基于股权结构内生性角度，运用构建联立方程模型，检验二者之间的关系，研究发现，公司绩效与股权集中度具有显著的正相关关系，托宾Q 值随公司股权集中度增大而增大。周翼翔和郝云宏（2010）运用沪深两市上市公司数据，采用工具变量法，证实股权结构具有内生性，研究结论与李汉军、张俊喜（2006）等相同，即股权结构的变化与公司绩效具有显著的影响，同时指出公司绩效的变化对股权结构具有一定的反馈效应。

### 2.1.4 内部人控制理论

日本经济学家青木昌彦最早提出了内部人控制理论。相比较于其他公司治理理论，该理论出现时间较晚。内部人控制是指公司的管理者掌握企业经营发展的特有信息，他们可通过契约、合同以及委托授权等方式控制公司经营管理决策权。公司的内部人控制由内部人控制和合法化的内部人控制两种情形构成。前者是指受公司股东的委托，管理层等内部人有权决策和管理公司的经营事务，事实上，管理者掌控着公司的剩余控制权，他们可以自行支配。后者则是指公司的管理者既拥有公司资产的剩余控制权，也拥有公司资产剩余资产的索取权，通过合同、契约等方式给予管理者一定权力。两者之间的主要差别是管理层所享有公司的权力在法律层面上是否有效。通过比较可以看出，前者只建立在授权上，并没有以合同、契约等方式进行确定，如果公司不再允许管理者享有这个权力时，管理者会同时失去公司的控制权和公司的剩余索取权。对后者来说，公司的管理层既是股东又是企业日常活动的经营者，他们享有公司资产的剩余索取权。合法化的内部控制人已转变成为公司股东，他们既能够分享剩余价值，又掌控着公司日常管理和重大事项的决策权，因此，他们的行为会影响到企业核心价值。通过股权激励的方式给予管理者一定的股权，事实上这是内部人向合法化内部人转变的过程。青木昌彦的研究结果指出，在一个没有完善治理制度和监督措施的公司里，当管理层持有的股份达到一定比例后，会降低公司在市场中的信任度和认可度，使得外部投资者对管理层及公司失去信任，会降低购买该公司股票的购买意愿，导致公司资金短缺等严重后果，最终影响公司估值，由此可见，严格控制管理层的持股比例是实现公司价值最大化的一项重要措施。

## 2.2　持股变动效果文献综述

本小节主要从高管持股与公司绩效关系和实际控制人与公司绩效关系这两个方面进行文献综述。

### 2.2.1　高管持股与公司绩效关系

#### 2.2.1.1　管理层持股与公司价值关系的相关假说

（1）利益趋同假说。Jensen 和 Meckling 以理性人假说为出发点提出了利益趋同假说。Jensen 和 Meckling（1976）认为，在委托代理理论中，由于两权分离的存在，使控股股东与管理人在利益和公司目标上存在一定差异，处于信息优势地位的高管为了自身利益最大化，会做出有损于股东利益的行为。Jensen 和 Meckling 指出，给予公司管理层一定的股权可以减少二者的代理问题，有助于提高公司提高业绩的目标。公司绩效改善的效果与高管持股比例的多少呈正相关。以利益趋同假说为出发点，对管理层采取股权激励，将管理层利益与股东利益绑在一起，可以有效地防范管理层的道德风险，此外，管理者享有公司资产的剩余分配权，能够有效地降低代理成本，也使公司业绩得到改善。

（2）掘壕自守假说。Fama、Jensen 和 Damset（1983）提出了掘壕自守假说。该假说认为，如果管理层所持股份比例较高，拥有较大决策权且公司外部股东对管理层监管不利时，管理层会以自身利益最大化为行为准则进行投资决策，这就是掘壕自守。掘壕自守行为的表现主要有以下两种：一是管理层将薪酬的增加量和因公司价值提高而带来的额外收益进行比较，如果薪酬增加额较大，管理层会通过增持股份实现对公司的控制，从而赚取控制权收益；二是由于外部股东所掌握的信息不够全面，管理层通常会利用信息优势、控制权等手段，转移公司资产。随着管理层持股比例的增多，他们对公司的控制力也越大，致使管理层会做出自身效用最大化的决策，做出有损于公司经营绩效的行为，这也使得外部股东对高管监管的难度增加，监管成本也会上升。

（3）区间效应假说。利益趋同假说和掘壕假说有时会同时出现，使得管理层持股对公司绩效呈现非线性关系，即产生了利益趋同和掘壕自守的"合效应"。如果掘壕自守效应小于利益趋同效应，则管理层持股对公司绩效有正向影响；如果掘壕自守效应大于利益趋同效应，则管理层持股对公司绩效产生负面作用。从本质上来看，可以认为利益趋同假说属于激励理论范畴。管理层持股可以促进他们努力工作，促使公司实现长远发展目标和股东利益最大化的目标。而掘壕自守假说强调的是权力效应和约束机制。随着管理层持股数量的增加，他们对公司的控制力也越大，但这种权力效应会降低他们工作的努力程度，致使公司经营业绩下滑，公司价值下降。在激励效应和权力效应的共同作用下，激励效应发挥的作用强弱取决于管理层持股数额的多少。Morckk、Shleifer 和 Vishny（1988）也实证检验了管理层持股具有区间效应。

（4）风险规避假说。在现代企业的组织形式下，通常由代理人经营管理着公司的日常事务，这在一定程度上可以认为高管向公司投入了人力资本。当管理层持有公司较大的股份时，为避免给自己带来损失，在投资决策时，他们通常选择一些保守型的投资策略，这就是风险规避行为。当然，这与股东效益最大化的经营策略是相背离的。因此，当高管出现规避风险行为时，该经营策略会对公司绩效带来一定的负面影响。

2.2.1.2　高管持股与公司绩效文献综述

（1）国外相关文献综述。

其一，管理层持股与公司绩效的线性关系。高管持股与公司价值存在正相关关系。Jensen 和 Meckling（1976）通过对代理理论的分析，提出了利益趋同假说。由于两权分离，公司股东利益最大化不再是管理者决策的出发点，而是以自身利益最优化作为决策依据，这偏离了股东利益最大化的目标，导致代理问题的出现。Jensen 和 Meckling 将管理者行为、代理成本和所有权结构纳入企业管理研究体系指出，外部股东对管理者进行有效的监督会降低代理成本，一定程度上会缓解代理冲突问题。管理者和股东利益目标一致有助于提高公司经营绩效。Pyle 和 Lehand（1977）基于信息不对称理论，剖析管理层持股的行为效应，指出，企业家持股比例多少和公司项目的投资预期收益率高低具有显著正向影响。与外部投资者相比，内部人员更容易获得企业发展信息，他们具有一定的信息优势，可见，企业家持股比例越高，说明公司可持续盈利的能力越强，未来发展前景越好。公司发展好坏能够通过管理层持股比例多少得以体现，公司价值的走势也可以通过该比例的变化得到反映。之后，许多学者通过实证分析和理论研究，支持了管理层持股对公司价值具有正向影响的观点（Benston，1985）。Jahera 和 Oswald（1991）采用实证研究的方法，证实了管理层持股与公司绩效存在显著的正相关关系。Hudson 等（1992）将公司规模和盈利水平作为控制变量，研究结果表明，两者之间存在正相关，公司规模对公司业绩同样有显著作用。Mehran 和 Hamid（1995）以工业企业为研究样本，通过实证分析提出，公司业绩与管理层持股比例呈现正相关。Caspar 和 Rose 等（2005）通过实证方法研究发现，高管持股对企业业绩有显著正向影响。Morck 等（1998）和 Hanlon（2003）指出，高管持股有利于减少管理者的短视行为，降低公司短期盈余管理水平，有益于提升公司长期价值。Stulz（1988）认为，在并购市场上，管理者持股比例越多，会促使管理者更好地去对抗并购威胁，使并购者不得不支付更多的并购溢价，进而提高公司绩效。Kaplan（1989）指出，经理人员持股对公司的经营绩效具有激励效应。Jain 和 Kini（1994）得出了上市公司业绩与管理层持股比例正相关的结论。Mehran（1995）发现，CEO 持股比例与企业经营业绩间存在显著正相关。Kole（1996）和 Choe（1998）指出，在其他条件相同的情况下，当公司绩效提高后，管理者对公司绩效的较好预期会使他们更愿意选择股票期权作为收益回报。Loderer 和 Martin（1997）指出，作为内部人的管理者能更准确地预期公司绩效。当预期公司绩效提高时，他们将会持有更多的公司股份。Hanson 和 Song（2000）指出，公司业绩随着内部人投资力度的加大而增强。Fuerst 和 Kang（1998）也提出了相同的观点，认为内部人持股会对公司业绩及市场价值产生积极作用。Kaplan（1989）和 Smith（1990）指出，通过成功的杠杆收购后，管理层会促进公司绩效大幅提升。Morck、Nakamur、Shivdasani（2000）以日本上市企业作为研究对象，研究结果显示，上市公司业绩高低与高管持股比例多少呈现正相关。为避免被接管情况的出现，日本公司通常采取相互持股的方式，以消除高管持股的保护效应。在这样的制度背景下，上市公司会采取较强的激励措施，促使公司业绩随着高管持股比例增加而上升。Chen 等（2003）以 1987～1995 年日本上市企业的数据，实证研究托宾 Q 值与管理层持股的关系，并与美国的上市公司进行了比较分析，在日本上市公司，管理层持股比例是比较低的。在控制企业固定效应的情况下，证实了托宾 Q 值与管理层持股比例呈现正相关，也证实了管理层与公司股东间存在利益趋同的假说。

其二，高管持股与公司绩效存在负相关。Berle、Means（1932）最先提出高管持股与公司价值存在负相关关系。如果企业中存在管理层特权消费行为，并且这种行为会随着高管持股比例增高变得更加明显，这不利于提升企业价值。Fama、Jensen 和 Damset（1983）提出了"掘壕自守假说"，并指出一般情况下，拥有公司有效控制权及丰厚工资福利的经理层，其在公司的地位比较牢固，不会过多地关注企业价值最大化问题。另外，公司被收购的风险会随着公司高管持有股票数量增多而变小，降低了来自控制权市场的压力，但无法通过并购实现资源的有效配置，企业价值得不到有效提升。Warner 和 Jensen（1988）的研究认为，内部人员持股不仅会对公司的经营管理决策产生影响，也会对公司业绩产生影响。当管理层持股份额较高时，可能会出现董事会被管理层控制的局面，此时若不能有效地约束管理层行为，管理层会通过侵占外部股东利益实现其自身效用最优目的。Moon H. Song（2000）提出，管理者持股比例增大，会加大其与股东谈判的筹码，这可能会损失股东的利益，给公司绩效带来负面影响。Warfield 等（1995）采用美国 1989～1991 年 4000 多家上市公司数据指出，盈余管理水平和管理股权呈反方向变动（Vernon，James，Fan，Wong，2002）。Weston（1979）指出，当内部股东持有比例超过 30% 时，公司被兼并的可能性较小。由于公司的控制权掌控在管理者手中，他们的决策很可能不是出于公司价值最大化目标的考虑，换句话说，当管理层掌控公司决策控制权时，公司的资产价值将会下降，公司的绩效也会降低。Morck、Shleifer 和 Vishny（1988）指出，持股较多的管理者有足够的能力去巩固自身的管理地位，会忽略其他股东的利益，也会随着其财富的增加而减少追求利润最大化的动力，会导致公司绩效下降。Hermalin 和 Weisbach（2001）在实证研究公司董事会与公司价值关系时发现，当公司的创始人所持有的股份比例较大时不利于提高公司价值，二者具有负向影响。

其三，高管持股与公司价值非线性关系。Shleifer、Vishny 和 Morck 等（1988）选用 1980 年财富 500 强公司作为样本，实证研究了公司价值与管理层持股二者间的联系，结果发现，管理层持股份额与公司市场价值不具有线性关系，而是 N 形的非线性关系，并给出高管持股比例区间与绩效影响情况：当持股占比低于 5% 时，托宾 Q 值随高管持股比例的增加而上升；当持股比例处在 5% ～ 25% 时，随高管持股比例上升，托宾 Q 值会下降；当持股比例大于 25% 时，随高管持股比例的上升，托宾 Q 值上升。此外，管理层倾向以自身利益最大化分配公司资源，而损害公司利益的行为无法被公司外部董事等相关人员有效地控制和约束，因此会给外部股东利益带来损失。当高管持股比例上升时，管理者与外部投资者利益趋于一致。Stulz（1988）对上市企业的经营业绩与高管持股份额关系做了实证分析，指出二者的关系类似于倒 U 形，即公司绩效先随高管持股比例的上升而上升，达到一定程度后，会随着高管持股比例的上升而下降。Stulz 对形成倒 U 形的原因做了解释：在上升时期，随着高管持股比例的增加，高管收益与公司业绩是同方向的。但是在下降时段，随着高管持股比例的不断上升，上市公司被接管的可能性变大，高管对公司的控制权将会随其所持股份比例的上升而增大，为实现高管利益最大化，他们采取一些方式去侵占公司的利益，从而使公司的业绩受到损失，这种现象称为管理者股权保护效应。Wruck（1989）指出，在美国的企业中，管理者持股比例在 5% ～ 25% 时，存在管理者固守职位的现象。Servaes 和 Mcconnell（1990）将企业绩效的替代变量设为托宾 Q 值，分别选取 1976 年和 1986 年上市公司作为研究样本，指出公司的内部人持股与托宾 Q 值具有显著的曲线关系。持股比例处于 40% ～ 50% 时，内部人持股与托宾 Q 值是正向的影响，超过这个范围，呈现出负相关的关系。Choe（1998）以制造业公司为对象，研究发现，股权结构会影响企业的投资行为，也会对公司价值产生一定影响。当内部管理人员持股比例在 7% ～ 38% 时，随着内部股权占比的上升，公司价值会下降。Griffith（1999）分析了 CEO 持股情况对公司价值的影响，认为公司绩效与 CEO 持股比例存在非线性关系，即 CEO 所持股份额处于 0 ～ 15% 时，公司价值呈现上升趋势；当 CEO 持股比例增至 50%，公司价值会呈现下降趋势；当 CEO 持股比例超过 50%，公司价值呈现上升趋势。这与 Holderness 等（1999）和 Morck 等（1988）的研究结论相同，即二者存在分段的线性关系。Yermack 和 Ofek（2000）研究发现，当管理层持股份额较低时，可以通过股权方式，提高激励水平，但当他们持股水平较高时，为分散风险，管理者会在二级市场上卖出股份，获取套利收益，这样会降低股权激励的效果。Keasy（1999）采用美国上市公司的数据，构建管理层持股比例的三次方模型，得出管理层持股比例在较低水平（0～16%）和过高水平（42%～100%）时，管理者持股比例越大，公司业绩越好，但超出这个区间范围时，两者出现了负相关。Cui 和 Mak（2002）选取美国证券交易所和纳斯达克证券市场中 R&D 较高的公司，运用 1994～1998 年数据，使用分段的线性回归估计模型，研究发现，管理层持股份额与公司的绩效具有非线性关系，即管理层持股份额与托宾 Q 值出现 W 形的关系，临界点分别是 10%、30% 和 50%。这一结论与 Morck（1988）、McConnell 和 Servaes（1990）及 Hermalin 和 Weisbach（1991）相反。Cui 和 Mak（2002）在研究管理层持股与公司绩效关系时指出，样本公司所属行业对研究结果具有重要影响。Kim、Kitsabunnarat 和 Nofsinger（2004）以泰国首次上市公司为样本，研究管理层持股与公司价值关系，研究结果认为，当公司管理层所持股份较高或较低水平时，二者具有正向影响；而管理层持股比例介于中间水平时，二者具有负向影响。Serves 和 Connell（1999）采用二次方程法，证实托宾 Q 值与公司内部人持股份额的关系，结果显示二者的关系是非线性的。

其四，管理层持股与公司价值不相关。Fama（1980）认为，两权分离的公司能够快速发展的主要原因除了公司管理层具有较高的专业水平和有效分散风险外，还有经营权与决策权的分离为解决公司代理问题提供了一个有效手段。他们认为公司管理层持股比例与公司绩效不存在明显联系。Lehn 和 Demsetz（1985）指出，股权结构具有内生性，它的改变对公司价值没有影响。Martin 和 Loderer（1997）指出，美国公司价值的变动与管理层持股的变动不存在相关关系。Hubbard 和 Palia、Himmdberg（1999）认为，管理层持股比例对公司价值没有影响。Villalonga 和 Demsetz 指出，管理层股权和股东股权组成了公司的股权结构，分别分析了二者对公司绩效的影响，研究发现，股权结构是一个内生性的变量，它对公司价值并没有影响。Faccio 和 Lasfer（1999），Himmel berg 等，（2001）研究表明，内部人持股份额和公司价值没有显著影响。

（2）国内文献综述。国内学者对上市公司高管持股的研究已取得一定的成果，但研究结论存在着较大的分歧。

其一，管理层持股与公司价值的线性关系。汪洋和许晓年（1997）指出，增加法人持股比例，有利于提高公司治理水平。周业安（1999）指出，公司的业绩会随着国家股和法人股比例的增加而增加。王加胜、刘国亮（2000）研究发现，管理层持股份比例对 ROA 和 ROE 呈现正相关。刘国亮和王加胜（2000）认为，内部人持股与公司业绩存在正相关关系。于东智、谷立日（2001）认为，公司业绩与高级管理层持股比例存在正相关关系，但回归结果不显著。张辉明、陈志广（2002）将沪深上市公司作为研究对象，实证研究证明了高管股权激励与公司业绩的关系，结果发现，管理人员持股会对企业业绩产生显著的正向影响，用 ROE 作为公司绩效的替代变量进行回归分析时，管理层持股份额与公司价值间存在显著的影响。于东智（2003）研究指出，董事持股总额及其个人持股比例都对公司价值存在显著的线性关系，当董事持股比例较低时，不会产生利益的侵蚀效应。濮卫东、徐承明（2003）认为，董事长、总经理持股的比例都与经营绩效相关。宋献中、罗宏（2004）指出，管理者持股比例适中能够更好地发挥股权激励作用，但是这种制度具有内生性特点。秦殿军（2004）指出，与实施股权激励的公司相比，未实施股权激励的公司业绩绩效水平相对较低。张皓（2004）指出，与无高管人员持股的公司相比，高管人员持股的公司业绩会更佳，且二者表现出正向影响，但显著性不明显。赵艳艳、王怀明（2006），俞鸿琳（2006）认为，管理层持股比例与公司业绩正相关，但在国有上市公司中，二者在 1% 的水平下显著负相关。宋顺林和高雷（2007）使用静态面板数据研究管理层持股比例对企业绩效影响，研究表明，两者正相关，通过提高高管持股比例这一方式可以提高企业绩效。隽娟（2007）认为，管理层持股水平与企业业绩（EPS）在 1% 的水平下显著正相关，而与 ROE 的相关性不显著。宋增基、徐叶琴（2007）认为，当大股东具有较强的控制力时，股权激励效果会降低，管理层持股比例与股权制衡的程度存在替代效应，在对大股东有着较强制衡的公司里，股权激励和公司绩效关系更为显著。米海霞（2008），颜士超（2008）指出，当上市公司披露股权激励计划以后，公司业绩明显好于披露之前，与未披露股权激励计划的公司相比，公司绩效会更好。高峰、夏爱华（2008）指出，在我国上市公司中，高管持股与企业绩效存在弱的正相关关系。李丹（2008）认为，高管持股比例与公司绩效具有显著的正相关关系。葛杰（2008）认为，在使用公司绩效综合指标时，依然可以证明二者具有显著相关性。高峰、夏爱华（2008）选用2004～2006年上市公司数据，以托宾Q值和EPS作为公司价值的评价指标，认为上市公司高管持股对企业绩效具有一定的正向影响。叶建芳、陈潇（2008）通过实证研究高科技行业，并运用OLS分析方法，研究指出，高管持股与企业价值具有正向影响。袁志忠、朱有才（2010）以沪深2006年、2007年房地产上市公司为研究样本，实证结果表明，高管持股比例与公司价值（EPS和ROE均值）存在显著的正向作用。姚燕（2006）、习艳平（2012）指出，上市公司管理层持股比例与公司业绩具有显著正向影响，高管持股可以降低代理成本，提高公司业绩。李锦文（2011）研究了我国GEM公司高管减持程度对公司业绩的影响，实证检验得出二者具有负向影响，尤其是偿债能力与高管减持力度具有显著的负相关，张冬冬和卢新生（2011）认为，上市公司管理层持股对经营绩效具有负向影响。马超等（2012）指出，实施激励两年以后，公司价值才会有所提高，说明公司股权激励的效果具有一定的滞后性，验证了管理层持股比例对公司绩效存在着正向影响。

其二，管理层持股与公司价值的非线性关系。黄祖辉、孙永祥（1999）以500多家主板上市公司为研究样本，实证结果表明，公司价值与管理层持股份额存在非单调性关系；当比例处在0～50%范围时，会出现公司价值上升的现象，此时再增加管理层持股份额，公司价值出现下降。吴淑琨（2002）研究股权结构对高管持股与企业绩效的影响时发现，三者具有非线性关系。黄小花（2004）指出，当管理层持股比例处于0～32.88%时，公司价值与其正相关，如果持股比例超过32.88%后，公司价值与持股比例具有负向影响。刘剑、谈传生（2005）的研究结果表明，管理层持股份额与公司绩效间是非线性的关系，当管理层持股份额处在0.2%～0.8%，二者同向发展；当持股比例低于0.2%或超过0.8%时，公司绩效与管理层增加持股比例存在反向影响。徐大伟、徐鸣雷和蔡锐（2005）认为，当管理层增加持股份额时，二者存在正向关系；当管理层持股份额在7.5%～33.5%时，二者具有反向影响。韩亮亮（2006）从利益趋同效应和壕沟防守效应视角分析高管持股与企业绩效的关系。由于高管持股比例不断变化，引起了利益趋同效应和壕沟防守效应的综合效应，进而导致高管持股与企业绩效间具有显著非线性关系（张宗益和宋增基，2002；刘剑和谈传生，2005）。李维安、李汉军（2006）采用 1999~2003 年民营上市公司数据，采用托宾 Q 值作为公司绩效替代指标，实证分析高管持股、股权结构与公司绩效间的关系，研究指出，当第一大股东具有绝对的控股地位时，高管持股份额与公司绩效存在正相关的关系，此时股权激励的作用没有得到体现；当控股股东持股比例在 20%~40% 时，倒 U 形非线性关系能反映高管持股比例与公司经营绩效。张纯、方平（2009）对民营上市公司的研究指出，公司业绩与高管控股比例具有正相关的关系。乐琦（2009）发现，集团公司中管理层持股比例与绩效水平存在正相关关系，具有"利益一致"效应。同时指出，集团公司管理者持股人数与企业绩效呈现倒 U 形关系。孙永祥和黄祖辉（1999），张艳（2009），张大勇、傅利平（2010）实证结果表明，第一大股东股权比例与托宾 Q 值呈现倒 U 形关系。李增泉（2000）认为，当高管持股比例较低时，对管理者没有产生激励效应，但随着他们持股比例的提高，并达到一定比例后，企业绩效才会受到持股比例高低的影响。张小宁（2002）指出，董事长持股对公司业绩有显著正影响。徐大伟等（2005）指出，在发生管理层收购的企业中，管理层持股比例与公司绩效呈非线性关系，即当持股比例处于 0~7.50% 时，二者具有正向影响；当持股比例介于 7.50%~33.35% 时，会出现管理层侵占外部股东利益的行为，增加公司代理成本，二者呈负相关；当持股比例超过 33.35% 时，二者正相关。蔡吉甫、杨智杰（2005）研究发现，内部人持股是一种较好的激励手段，他们对公司治理产生积极影响，二者呈现倒 U 形关系，内部人持股最优比例为 42.36%，这也说明内部人持股的激励效应存在"区间效应"（刘剑、谈传生，2005）。申明浩、苏晓华（2007）指出，企业业绩与持股比例具有非线性关系，高管持股的最佳比例为 28.51%。冉茂盛、贺创、罗富碧（2008）的研究认为，公司绩效和管理者持股具有显著的 N 形关系，在国有与非国有的上市公司中，管理层持股水平存在显著差异。彭峥（2009）研究发现，企业绩效与内部人持股比例的关系是非线性的，认为企业价值具有内生性。谭庆美和吴金克（2011）选取 2004~2009 年的中小板上市企业，实证结果表明，管理层持股与公司价值（托宾 Q 值和 ROA）呈现显著的 N 形关系，当持股比例低于 10% 或超过 50% 时，二者具有正向影响；当持股比例处于 10%~50% 时，二者具有反向影响。陈圣霖（2012）认为，管理层持股比例与创业板价值指数呈非线性关系。冯根福、黄建山、蒋文定（2012）实证研究结果表明，高管的角色会随着高管持股比例的变化而变化，并对公司业绩产生一定的影响，当持股比例处在23%～55%时，公司绩效与高管持股比例呈负相关；当持股比例小于23%或大于55%时，公司绩效与高管持股比例呈正相关。

其三，管理层持股与公司价值不相关。魏刚（2000）对1999年816家主板上市公司进行研究发现，管理层持股与公司业绩没有显著联系。袁国良等（2000）研究结果表明，内部人持股与公司业绩有关但结果不显著，在非国家控股的上市公司，二者的相关性较低。徐二明、王智慧（2000），范婧婧（2006）指出，经理人员持股比例与公司业绩间没有正相关。李增泉（2000）指出，企业绩效与内部人持股比例不存在显著关系，并进行了分组实证分析，结果显示，国家股比例、企业规模对内部人持股比例与企业绩效没有影响；而行业竞争性会对其有一定的影响，区域因素对经理人员持股比例具有一定激励作用。赵雪芹等（2002）认为，高管的持股比例多少会对公司业绩有不同影响，但公司业绩和其所持有股份的比例没有影响。张宗益、宋增基（2003），高明华（2001）研究显示，经理层持股份额对于公司业绩没有影响。童晶骏（2003）认为，我国上市公司业绩通过股权激励得到一定程度的提高。张翠萍（2004）研究发现，由于我国高管人员持股比例较低，其和ROE的关系不明显。冯冰花、苏卫东（2005）对2001～2003年我国主板上市公司进行了统计分析认为，在我国上市公司当中，高管持股数量较少，因此，企业绩效与高管持股不相关。陈勇（2005）指出，股权激励对公司绩效作用效果不明显。骆铭民、蔡吉甫（2005）认为，内部人持股在公司治理中发挥着积极作用，但因我国内部人持股制度不完善，在一定程度上减弱了激励效果。冯冰花、苏卫东（2005）认为，高管持股激励机制没有对企业绩效产生显著影响。俞鸿琳（2006）采用2001～2003年上市公司数据，进行了分组实证分析，在国有上市公司中，管理层持股比例与公司绩效具有微弱的负相关关系，而在非国有上市公司及全样本当中，管理者持股比例与公司绩效不具有相关性。顾斌、周立烨（2007）认为，就当前情况来看，我国上市公司对高管人员实施的股权激励效应不具有长期性；其中，股权激励效果在交通运输行业中比较好。袁燕（2007）、刘永春（2007）、牛国勇（2008）指出，我国上市公司管理层持股对公司绩效的影响非常低。马磊、辛立国（2008）认为，管理人员持股对公司业绩没有影响。白俊、王生年（2008），冀县卿（2008）认为，我国上市公司管理者持股比例较少，管理者持股的激励作用没有得到充分发挥，二者关系不显著。黄忠伟、周讳、谢文丽（2009）等人通过实证研究发现，在业绩较差的公司中，高管的减持比例处于较高水平。陈树文（2011）指出，在信息技术行业中，高管持股与企业绩效没有线性关系。张馨艺（2012）等人实证分析了高管持股对择时信息披露的影响以及市场对择时信息披露的反应，高管持股比例越低，上市公司择时披露信息的可能性越低。孙建国和胡朝霞（2012）采用 2006～2008 年中小板上市公司数据，实证发现公司业绩与高管持股不具有相关性。

### 2.2.2　实际控制人与公司绩效关系

#### 2.2.2.1　国外研究现状

控制权配置与公司绩效的关系是公司治理研究重点内容之一。Berle 和 Means（1932）提出的现代公司特征，大量的文献是在股权分散假设下进行研究的。20世纪 90 年代，分散的公司股权状况出现了转变，控股股东日渐增多，也成为公司治理研究的主要方向。在有关控制权对公司绩效影响的研究中，主要针对的是公司直接股东，实际控制人层面未曾涉及。直到 20 世纪末 21 世纪初，才出现实际控制人的相关研究，但研究成果比较少。La Porta（1999）选取 27 个国家的大型企业，通过控制链等方法追溯公司实际控制人，对实际控制人的研究由此展开，并提出了所有权比例和控制权比例的概念。La Porta 拓展了控制权的研究范围，并指出，在法律环境较差的国家或地区，实际控制人现象普遍存在，由于控制权和所有权的分离，导致控制权私有收益的出现，侵占了公司资源或中小股东利益。2002 年，La Porta 再次对上述国家的 500 多家企业进行研究指出，上市公司的价值会随着实际控制人的所有权增大而提高。Johnson（2000）指出，在股权结构较为集中的公司里，实际控制人会利用手中的控制权，转移资产和赚取利润，侵占中小股东利益。Bebc huk、Triantis 和 Kraakman（2000）指出，为了获取私人收益，实际控制人将会通过一些方式侵害其他股东利益。Morck 等（2005）基于内部管理、外部权益融资及政治影响等视角，开展了所有权与控制权分离的研究，指出两权分离会产生"掏空"行为与财富放大效应。Wolfenzon和 Almeida（2006）认为，在投资者保护环境较弱的地区，金字塔持股结构不仅能为控股股东带来超额的回报，还可以在银根紧缩的情况下帮助企业获得资金。Ikram 和 Napvi（2005）研究指出，在巴基斯坦的家族企业中，实际控制人采取隧道行为的动因较强，他们会利用自身的控制权，实现利润从现金流权较低公司向现金流权较高的公司转移的目的。

Shleifer 和 Vishny（1986）研究发现，股价上涨能够增加控股股东的财富，因此，控股股东出于自身利益的考量，他们更愿意去搜集与企业相关的经营管理信息，进而达到监督管理层和获取收益的目的。Holderness 和 Sheehan（1988）将绝对控股和股权分散的两类上市公司经营业绩进行比较分析，结果发现，二者的经营业绩没有显著差异，提出股权集中度与公司业绩不具有显著关系。Servaes 和 Mcconnell（1990）以美国证券市场为研究对象，对相隔十年的两组公司进行分析发现，托宾 Q 值和大股东持股比例间不具有显著关系。Jiang 和 Wong（2010）选取 1998～2002 年这一区间，检验了支持效应理论，并发现控制人会为上市公司提供支持，和上市公司存在关联交易，这种现象在国有企业中较为普遍。Malan 等（2013）发现，现金流权的增加可以缓解两权分离所产生的负面影响，增加了公司价值与盈余信息之间的相关性。Claessens、Lang 和 Djankov（2000，2002）研究了东亚几个国家两权分离的情况，结果表明，实际控制人的现金流权越高，公司价值会越大。随着实际控制人控制权的增大，公司价值会下降。两权分离对公司价值具有一定的负面影响，分离度的增大，负影响也越大。Thomsen 和 Pederson（2000）指出，股权集中度与股东的财富、公司业绩之间具有正向影响。Claessens（2002）等认为，实际控制人的现金流权对公司绩效有积极的作用，且具有一定的激励效应，而控制权对公司绩效具有负向影响，公司绩效也会因两权分离而下降。在家族企业中，两权分离对公司价值存在显著负面影响。Lemmon 和 Lins（2003）在 1997 年金融危机背景下，通过实证方法研究东亚800 多家上市公司股票累计收益情况指出，当公司管理者投票权大于现金流权时，股票收益率会低于正常水平。Lins（2002，2003）认为，管理者拥有的投票权大于现金流权时，公司价值下降最为明显。Friedman（2003）建立一个动态模型，实证结果显示，控制人不仅存在掏空行为，还存在一定的支持效应。Atanasov（2005）认为，保加利亚的上市公司中，中小投资者利益被实际控制人侵占的现象十分普遍，60% 左右上市公司的实际控制人会利用控制权优势，通过不合理的定价方式增发股票，达到自身利益最大化的目标。Peng 和 Jiang（2006）认为，不同国家或地区的家族企业是存在一定差异的，企业实际控制人的金字塔结构与公司绩效关系也不同。他们的研究表明，八个亚洲国家的大型家族企业中，马来西亚、中国香港和新加坡三个国家和地区中家族企业的绩效与实际控制人具

有正向影响，而其他国家或地区却显示为负向影响或没有关系。Myers 和 Jin
（2006）在公司出现负面消息时，为了不放弃公司控制权，有时候实际控制人会
被迫提供相关支持。Masulis（2011）采用家族控股集团为研究样本，因家族集团
可以弥补资金不足的问题，所以当企业股权结构接近金字塔顶层时，资产负债率
和资本支出会随之增高，但企业绩效和市场价值会有所下降。

### 2.2.2.2 国内研究现状

我国对上市公司绩效与控制权关系的相关研究起步较晚，研究成果也比较
少。近几年，国内学者逐渐展开控制权对公司绩效的影响研究。孙霈、刘芍佳、
刘乃全（2003）第一次使用终极产权这个指标，选取 2001 年的 1160 家上市公
司，结果发现，国家主导是我国上市公司股本结构的主要特征之一，股权结构与
公司绩效有着密切联系。苏启林、朱文（2003）选择了 2002 年 128 个家族上市
公司，研究指出，外部中小股东与控制家族的代理冲突是由于家族上市公司的两
权分离所导致的，控制性家族股东会侵占少数股东的利益，最终导致上市公司价
值量下降。李善民（2006）等对 2004 年上海证券交易所上市公司进行实证分析
指出，公司财务绩效受两权分离的影响尤为明显，财务绩效随着分离程度加大而
降低。夏立军、方轶强（2005）采用以 2001~2003 年披露的终极控制人数据，
对治理环境、政府控制和公司价值间的关系进行研究，结果发现，与政府控制的
上市公司相比，在非政府控制的企业中，这种影响效果会更加明显，产生这种现
象的原因主要是地方政府的干预。徐莉萍、辛宇、陈工孟（2006）选用 1999~
2003 年上市公司数据，发现经营绩效和股权集中度有着显著的正相关。刘锦红
（2011）采用 2004~2007 年民营上市公司数据，运用面板数据进行分析，在 147
家民营上市公司中，公司绩效与最终控制人的控制权负相关，与最终控制人现金
流权比例负相关，对最终控制人的两权偏离程度存在负向影响。曹廷求、杨秀
丽、孙宇光（2007）以 2004~2006 年我国上市公司为研究样本，研究公司绩效
与实际控制权之间的关系，采用了计量建模的方法，不论他们采用哪种所有权，
研究结果都证实了二者具有非线性关系，呈现出左低右高的趋势，并指出政府干
预会对公司绩效产生负向作用。徐莉萍、辛宇、陈工孟（2012）以控股股东的性
质为标准将上市公司分为七组样本，选取 1999~2003 年上市公司数据，实证结
果显示，公司经营绩效与控股股东的性质存在着相互影响。毛世平、吴敬学
（2008）剖析了不同金字塔结构对上市公司价值的影响，认为二者关系不显著。

从控股股东的减持和控制权私利角度，研究控股股东减持等相关问题，结论认为控制权私利与控股股东减持存在着联系，控股股东攫取控制权私利的一个新的方式即为控股股东减持，所以控股股东减持的一个重要原因就是获取控制权私利。余明桂、夏新平（2004）研究发现，与无控股股东的公司相比，有控股股东控制的公司关联交易明显增多；与控股股东不担任高管的公司相比，有控股股东担任公司高管的公司关联交易显著增多。这为控股股东与高管持股的研究提供了一个新思路。俞海红等（2010）认为，因股权分置改革而引起控股股东减持公司股份行为，可以将其看作控股股东对现有资源的优化，也是实现效用最大化的过程，运用动态模型进行了分析，结果发现，控股股东减持多少与其持有的现金流权大小存在正向影响，与公司治理水平正相关，与外部市场回报呈现负相关。为降低减持成本，控股股东减持通常是一个持续的动态过程，通过这种动态调整使他们持股比例处在一个较为合理的范围。

# 2.3 持股变动动因文献综述

下面主要从关键股东增持股份和减持股份动因两个方面进行文献梳理和阐述。

## 2.3.1 减持股份动因文献

### 2.3.1.1 控制权结构

控制权结构是大股东持股行为的重要影响因素之一。控制权结构理论最早由 Berle 与 Means（1932）提出，即当一个公司发展到一定程度，公司的控制权和所有权会表现出不同的独立特性，公司的控制权是从股东所有权中派生出来的。若公司的控制权能够正常执行，则公司运行良好，能够为股东赚取更大的收益。但是在公司实际运行中，对于公司控制权的斗争从来就没有停止过，一个公司的任何决定都是利益与矛盾分歧斗争的结果。每一位董事或股东所持有股份的数量都是利益分配的依据。他们期望自身利益最大化，在公司日常运营上的反应是表现出不同发展理念，出现重大决策的摇摆不定等负面影响，这会对公司长远发展和人员结构稳定产生不同影响。不同董事接触到的信息是不完全相同的，为维护自己利益的最大化，制定出损害其他股东利益的政策和决定是不可避免的。美国是一个股权相对分散的国家，但也存在着许多股权相对集中的公司，在这些公司中会有一个股东扮演重要角色，发挥决定性作用，通常称之为大股东。同样，在公司体制比较完善的欧洲，也有很多公司是受国家控制的，与我国国有企业类似。虽说各国公司的性质略有不同，但大股东行为特征具有一定共性。

Shleifer 和 Vishny（1997）对一些公司的大股东行为提出质疑，认为他们既对公司经营过程行使监管职责，又会利用公司的控制权来谋取对自身更大的利益。Dyck 和 Zingale（2004）认为，大股东处于公司的控制地位，他们能够有机会获取比其他股东更高的超额收益。对于股权分置改革前中国的资本市场，很大一部分沪深两市的上市公司是由非流通大股东掌控公司的控制权，按照相关规定，其所持有的公司股权不能在股票市场自由流通，只有中小股东所持有的股票能够上市流通。诚然，这种体制具有先天的弊端，同等价值的股票，利益分配是不同的，这就造成拥有公司控制权的大股东与其他股东常因为利益分配问题而出现对立状态，即拥有公司控制权的大股东会利用自身优势，除获得自己的应得收益外，还占有其他股东利益。假定某个公司的股份能够全部流通，每个股东都享有平等的股票流通权利，同股同权，所以股东们享有同等的收益分配权。在股权分置改革后，同一家上市公司可能同时拥有限售股和流通股，对于限售股解禁和减持造成的市场波动又成了一个新问题。公司大股东是否减持解禁限售股，与公司的效益、减持带来的现金流、控制权是否丧失等有密切的关系，该问题在民营上市公司中尤为突出。吴育辉和吴世农（2010）证实了控股股东具有掏空行为，他们通过操控上市公司的重大信息，侵占中小股东的利益。朱茶芬等（2010）指出，国有性质的上市企业，大股东减持比例较少，而民营上市企业大股东减持比例较大。刘亚莉（2010）指出，在大小非解禁后，大股东一般会通过减持比例的方式，实现股权转让，赚取溢价收益，与非控股股东的减持获利水平相比，控股股东有着更高的获利水平，并提出减持已成为获取控制权私有收益的新途径。徐萌娜（2011）认为，公司控制股东持股比例、$\beta$ 系数与公司的大股东减持解禁的限售股数量具有明显的正向作用；公司资产负债率、公司规模、$\beta$ 系数等对控制权共享收益呈现出明显的负向作用，对私有收益没有明显的影响。曹国华、章丹锋、林川（2011）认为，在某一阶段，公司大股东减持股票，会受到股东的属性、股权的集中度、股票的价格及其获益等因素的影响，同时指出股权的集中度是衡量对一个公司控制权的重要指标之一。俞红海、徐龙斌构架了一个关于控股股东减持的动态模型，通过实证检验，他们发现，控股股东的减持比例与其现金流权呈正相关，而与股票市场平均投资回报率呈负相关。

### 2.3.1.2 大股东掏空及支持行为

公司大股东的减持行为会向市场传递一个明显的负面信号。公司大股东不仅会在股价较高时卖出股票以获得高额收益，还会转移公司资产或利润，并且通过对中小股东利益的占用获得更高的收益。Johnson 等（2000）认为，公司大股东为追求利益最大化，不只在证券市场转移公司公有资产，还会利用股票二级市场获取收益。假定大股东没有转移公司资产，但他们肯定会利用对公司控制权的优势，定向增发一定数量的股票，达到稀释其他股东权益的目的，或者进行内部交易以攫取一定收益，这被称为隧道行为（杨倩倩，2011）。Johnson 是最早通过"掏空"这个词描述公司大股东侵占中小股东权益行为的学者。他将股价高估、财务状况变差以及债务到期进行的股票减持行为，都视为公司大股东为获得更大收益而采取的措施。在 20 世纪末，出现亚洲金融危机的一个重要原因是公司大股东存在过度掏空行为。但是 Friedman 等（2003）提出，公司的大股东，为了将公司做大做强，或者避免退市、破产等情况的发生，有时候也会向公司进行利益输送，并不是一味地掏空上市公司。同时他对亚洲金融危机进行了深入研究，认为存在大股东支持公司的行为，并且这两个行为具有对称关系，支持公司的原因是看好公司发展前景，能够获得更高的投资收益，但之后可能会出现更严重的掏空行为。从这两个反向的概念可以看出公司大股东的行为具有多面性。

目前，我国证券市场的法律法规体系不完善，投资者保护制度不健全，导致对公司大股东以及公司高管的监控不到位，在这样的背景下，更容易出现大股东侵占中小投资者利益及转移公司资产的现象。为了获取最大利益，大股东有时候会采取隧道行为，采取先降低股价的方法，待时机成熟再低价增持，等到股票价格上涨到一定程度后再进行减持，反复为之，乐此不疲。吴敏晓（2008）认为，我国上市公司大股东的隧道行为，从市场交易行为角度看，并非普遍存在，而出现这样现象的主要原因是已有法律无法有效地保护中小投资者的利益，才使得大股东乘虚而入，侵占中小股东利益。

黄志忠、周炜等（2009）认为，在我国法律制度环境相对比较差的西部省市，大股东主要通过盈余管理的办法实现大幅减持的目的。张颖（2011）认为，公司高层在进行盈余管理时，控股股东往往会在股票价格上涨过程中卖出；国有控股企业比非国有企业获得更高收益。在这一过程中控股股东也是要付出一定成本的。曹国华、杜晶（2011）认为，通过减持为可以降低成本，不同股东的减持动因不同。公司控股股东的减持行为会受到公司业绩高低、当前股价、持股风险和掏空成本的影响；较大非控股股东主要考量平衡股权情况；中小股东主要会考虑公司业绩、股票估值等。

### 2.3.1.3　宏观经济及市场走势

　　限售股解禁时的宏观经济环境是公司大股东及高管减持的重要原因之一，比如，货币政策和信贷政策的变化都会对公司大股东和公司高管减持行为产生重要的影响。宋秀慧，林晚发（2016）认为，在货币政策趋紧的背景下，股东们对持股的愿望会降低。随着货币利率升高，货币资产回报率会增加，此时大股东十分愿意减持股票。在货币紧缩条件下，实体经济融资成本会增加，大股东也会大幅减持。但有些情况下，大股东与中小股东会顺应市场条件进行相关交易，比如当市场处于熊市时，他们预计短期内市场环境不会出现好转，限售股解禁之后，他们会倾向于减持。楼瑛、姚铮（2008）等实证检验了大股东减持行为尽管与公司财务绩效等因素有关，但与当前股票价格以及市场发展趋势的联系更为密切。市场发展趋势与股票价值是相对应的，一般认为市场处于牛市时，大部分上市公司的股票估值会高于熊市行情。朱茶芬等（2010）对股改后的非流通解禁股减持的动因进行了实证研究，提出市场的高波动性与大股东的减持比例负相关。

### 2.3.1.4　财务绩效

　　为获得稳定长远的投资回报，一般投资者会非常看重该公司的盈利能力，可见上市公司的平均财务绩效以及对公司未来发展的预期都是影响证券市场价格的重要因素。很多研究表明，公司大股东的减持与财务绩效紧密相关。在股权分置改革后，大股东的减持行为存在一定的滞后性，中小股东减持行为不能快速地改变公司的财务绩效。同时也指出适当的减持可以改善股票流动性，提高公司治理效率，从而增加公司的财务绩效（楼瑛、姚铮，2008）。也有研究表明，股票净资产的收益率和大股东的减持比例之间存在一定联系，在不同的条件下或许是正相关的，或许是负相关的，也有可能是 U 形的关系。公司大股东减持，或许并不是因为公司的盈利能力减弱了，而是因其投资价值下降（曹国华、赵晰，2010）。蔡宁和魏明海（2009），张祥建（2006）发现，在我国的证券市场，存在盈余管理行为，即通过操纵盈余，以实现大股东减持目的。黄志忠等（2009）对股权分置改革后的大股东减持动因进行研究，通过构建计量经济学模型，对其减持行为的动因进行了实证检验。结果发现，在保护投资者权益较差的环境下，为了降低掏空成本，大股东减持股份的动因越发强烈，企业的业绩也会变得越糟糕，这说明大股东具有掏空行为。此外，黄志忠也指出，当公司经营业绩较差时，为规避风险，大股东往往会采取减持措施。黄志忠、周炜、谢文丽（2010）认为，公司业绩水平和掏空行为是导致大股东减持的主要因素。巴曙松、朱元倩、郑弘、张大勇使用托宾 Q 作为公司绩效的替代指标，研究了二者的关系，结果发现，公司的托宾 Q 值越大，大股东越倾向减持。楼瑛和姚铮（2008）研究指出，当公司经营业绩较差时，大股东减持的比例也越大。对财务绩效学说来讲，张大勇（2011）分析了大股东的减持行为，认为净资产收益率对公司大股东的减持比例没有显著影响，这是因为在国内股票市场存在很严重的投机性操作，大部分投资者在购买股票时并不是秉持"价值投资"的投资理念。邵健（2010）认为，大小非状况与我国股票估值体系之间存在冲突，并指出市场的法制制度需要进一步完善。朱茶芬等（2010）对股改后的非流通解禁股减持的动因进行了实证研究，检验了公司业绩、未来前景、股价波动性对减持的影响，结果发现，公司业绩较差且估值较高的公司，大股东减持力度越大。姜兆军（2010）研究了公司大股东减持股票的盈余管理行为发现，公司在减持股票的年度里存在着盈余管理行为。在股票全部流通的条件下，控股大股东依然可以根据自己对公司的控制权去侵害中小股东利益。袁渊（2010）选用 2006～2008 年完成股改的上市公司为研究样本，从公司的治理结构、市场时机、公司业绩这几个方面研究大股东减持的影响因素，实证研究表明，公司管理水平越高通常意味着公司的未来价值越大，减持解禁股的成本也越大，因此，大股东不愿意减持股份。但当公司具有较高的市盈率时，一定程度上代表着价值被高估，此时，大股东愿意减持股份；当公司盈利水平或者现金收益处在较高水平时，大股东也会减持股份数量。刘娜（2013）认为，大股东的减持行为可能导致控制权的转移，并改变公司财务绩效。

### 2.3.1.5 估值水平

Faccio 和 Lang（2002）选取了西欧 13 个国家的 5000 多家上市企业研究后发

现，公司的股权集中度与公司绩效存在非线性关系，会随着公司业绩呈现先升后降的态势。但也有些学者持相反的观点，比如 Demsetz 和 Vinaonga（2001）就对美国 223 家上市公司进行实证分析后认为，公司股权结构与绩效并没有关系，是企业在追寻利益最大化过程中各种力量互相博弈的结果，应归结为内生性因素。朱茶芬等（2009）选用 2008 年 2 月之前减持公司为样本，对公司大股东的各种减持原因进行分析，结果发现，上市公司的估值水平以及公司的业绩前景是国内大股东选择减持的重要依据，并且这种减持行为更多地出现在高估值及业绩前景较差的公司中，加之国内 A 股市场的波动风险较大，这也是大股东进行减持的另一个重要原因，进一步分析发现，公司估值和业绩前景更能引发减持行为，市场波动风险引起的减持行为相对较弱。张大勇、傅利平，通过实证检验研究发现，当上市企业的估值水平越高时，控股股东越愿意减持。控股股东的持股比例与企业的估值水平存在正相关的关系。

上市公司的股价高低对大股东决定减持与否具有很直接的影响。当股票价格或者当前市盈率很高时，持有限售股的股东，尤其是大股东，减持的动因越强烈，减持的比例也会更高。比如在某一个时间段内，当股价被高估，公司大股东会在确保控制权稳定的情况下，在二级股票市场大量抛售股票；当股价被低估，这些大股东也会大批量买入，以获取高低差的额外收益。当某上市公司股票的托宾 Q 值明显高于其他公司时，大股东会采取极端做法，大幅减持公司股票，甚至放弃对公司的控制权（吴敏晓，2011）。张大勇（2011）也认为，公司股票的估值过高、成长性变差、大股东持股占比较高，持股成本较低以及同时期国际成熟市场估值等，都是实施减持行为的重要原因。被减持公司的股票估值及其在本行业中的估值水平对公司大股东减持数量有明显正向作用。但也有人持不同的观点。许可、郭炜（2011）经过对影响国内股票市场大小非减持因素的实证分析后发现，股票价格和市盈率对大股东的减持影响是非常小的，且不存在显著关系，因此得出减持股票没有真正反映大股东的减持动因。从理论上说，减持的股票价格与减持行为是息息相关的，但因为大部分上市公司大股东持有的原始股票成本基本接近股票的票面价值，所以不管什么时候减持，因成本较低，他们都会获得收益。此外，IPO 抑价与股票估值相关与整个资本市场的趋势紧密相关。柴亚军、王志刚（2012）对国内股权分置改革后 IPO 抑价和大股东减持之间的关系进行了研究。他们对 A 股市场上的 555 只新股进行实证研究发现，股改后大股东持股比例越高的新股 IPO 溢价率越高，在上市第 13 个月的股价相对市场下跌的幅度会更大。该数据证明在股改后，新股的大股东在 12 个月的限售期满之后存在减持行为，并且新股大股东极有可能拉高新股首日价格，造成极高的 IPO 溢价率，为之后的减持获利做好铺垫。朱茶芬（2009），大股东减持与上市公司的估值水平和公司绩效相关，在高估值且前景较差的企业中，尤为明显。国内 A 股市场的波动风险较大，这也是公司大股东进行减持的另一个重要因素。公司估值和业绩前景对减持行为的影响更为突出，价格波动引起的减持行为的风险相对较低。鲁桂华（2007）采用案例分析的方式指出，减持行为对市场影响的大小取决于减持主体的动因；与流动性不足的减持相比，股票价格被高估时的减持对市场影响更大。

### 2.3.2　增持股份动因文献

#### 2.3.2.1　国外相关文献

国外研究主要是集中在股份回购方面，对增持股份的研究较少。虽然股份回购的主体和所依据的法律法规与增持有一些差异，但从理论方面分析，二者存在许多相似的地方。在 20 世纪 70 年代，出现许多有关股份回购动因的研究假说，主要包含价值低估假说、自由现金流假说、信号传递假说、财富转移假说等。其中，价值低估和自由现金流这两个假说获得了广泛的应用。因此，本书就对这两个假说进行详细的阐述。

（1）价值低估假说。Vermaelen 于 1981 年提出价值低估假说，该假说指出，在判断公司股票价格是否被低估时，内部人是具有一定信息优势的。如果存在公司市场估值小于内在价值的情况，公司股东往往会采取回购股票的措施。此后，学者们对该理论进行了一系列的研究检验，这些研究主要集中在回购后股票价格是否具有超额收益等方面，并以此判断所回购公司的股票价格是否存在被低估的现象。该理论被大量的研究结果所证实，并得到了广泛应用（Comment，Jarrell，1991；Iken berry，1995；Stephens，Weis－bach，1998）。

已有的理论研究成果主要是针对发达国家成熟市场提出的。近些年来，才出现一些新兴市场的研究成果。Hyderabad（2009）选取 1998～2007 年数据，对印度股票市场的回购行为进行研究发现，在股票回购行为发生［－20，20］天内，超额收益率能够达到5.78%。Chen 等（2011）对2000～2008年台湾地区的股票回购进行研究，发现超额收益率达到7.6%。Grullon G. 和 Michaely（2004）根据价值低估理论得出以下结论：公司的大股东增持公司股份，会向其他投资者传递出一种很积极的信号，表明公司的经营业绩以及公司长期发展趋势良好。公司大股东增持时的股票股价可以较好地反映出公司的内在价值。假定以此时的股票价格作为衡量的标准，当市场价格低于该价格，说明股票的价格被低估了。Iken-berry（2004）以出现回购股票的美国公司为样本，研究发现，在股票回购发布公告后的四年以内，公司的股票价格会有正的超常收益率。一个公司的账面水平超高，则超额收益越多；公司的负债比例也会对收益率产生一定影响。Piotroski（2004）认为，上市公司的市净率与股东增持公司股份的比例呈正比例关系，而资产的负债率与股东增持公司股份呈负相关。Claessens 和 Djankov（2000）与 Piotroski（2004）的研究结果相似，认为控股股东拥有公司股权越多，股权的集中度越高，越有可能侵占中小股东的利益，从而导致公司的价值下降。Demset（2001）分析了公司股份回购与股权结构之间的关系，采用持股比例和托宾 Q 值作为公司的所有权结构和绩效的衡量指标，认为回购行为和股权集中度之间具有明显的关系。Durnev 和 Kim（2005）认为，在股票回购时，公司股权集中度越高，则控股股东的控制权影响力越大，对中小股东权益侵占的成本也会越低。股权集中度对提升公司价值有积极作用。Shleifer（1997）等认为，股东控制具有激励效应和隧道效应，激励效应是指控股股东通过增持公司股份使股权维持在高水平，一般认为，这种行为会提高企业的价值，缓解"搭便车"行为。在法律法规制度不健全、监管不严格的环境下，很容易出现隧道效应。控股股东会利用自身优势谋取私利，加剧与中小股东之间的利益冲突，损害公司的利益，进而降低经营绩效。若股票价格被市场投资者高估，公司的大股东会采取增发的手段，获得超额收益。当股市处于不可控的状态，理性的管理者会根据市场走向进行决策。总的来说，当大众都看好公司股票价格时，理性的管理者会根据市场需求增发新股。相反，当股市处于低迷状态时，理性的管理者也会对股票采取回购的方式。这一设想明确了当公司股价被低估时，哪些因素会对公司内部人的行为产生影响。

市场择时假说可以较好地解释大股东增持股票行为。通过上述分析可知，当股市低迷，公司的实际掌控者在股价降到一个合适的点位时，他们愿意购买一些股票，以便用较低的成本获取更多的控制权。Grullon 和 Michaely（2004）指出，大股东是公司最大的投资者，直接参与公司营运活动，熟知公司经营状况和未来发展战略，因此，理性的大股东认为，公司市值被严重低估或与其内在价值出现严重背离时，他们会增持公司股票。反之，他们会减持公司股票。Mcnally（1999）指出，与股票回购的原理相似，公司宣布大股东增持消息后，股票价格会随增持比例增加而增加，这有助于大股东赚取超额收益。所以，当大股东认定公司的股票价格被市场低估时，他们更愿意增持公司股票，分享公司股票价格上升所带来的资本利得收益。大股东就目前的公司经营情况能够做出理性的判断，但出于对未来可能的流动性套现及运营资金需求的考虑，大股东会尽可能地使股价保持在一个较高水平，避免股价大幅下跌造成公司财富缩水。此时，作为占股最多的大股东来说，他们有动力去增持股份，拉升带动公司股价。加之，大股东熟知公司内部经营情况，低价买入公司股票，为日后高价卖出获得利润做好准备。根据股价低估假说，股价越低，对于熟知公司情况的大股东获得的利润越高。根据以上分析我们可以看出，出于稳定股价和传递股价被低估的消息，大股东通常会增持公司股份。

（2）自由现金流假说。该假说认为，股票回购的原因是因为市场未发现公司内在的价值，因此，在非完全有效的市场里，回购股票是一种积极信号，可以认为公司未来的现金流和盈利能力会增加（Sapienza P.，1997）。Stone（2004）发现，公司内部人交易与未来盈余、市净率存在着显著的正相关，与最近的收益具有负相关关系。Hertzel、Jain（1991）指出，这种信号包括：公告发布时股票价格的正向反应、公告后盈利或现金流增加的消息（Dann 等，1991；Hertzel 和Jain，1991；Nohel 和 Tarhan，1998）。Raad 和 Wu（1995）指出，公司的回购交易和市场反应程度具有显著影响，市场反应的程度随着回购规模的增大而增强，一般情况下会带来正向的反应，这说明股票回购行为可以向市场传递出某种信号。Barth 等（1999）用无形资产作为信息不对称替代变量，认为出现股份回购的公司和投资者间的信息不对称问题较为突出。Comment（1991）认为，控股股东通常会将股票市场价格和内在真实价值的预期价格进行比较，若上市公司股票价格被严重低估，他们就会增加股份持有数量，反之则会减少股票的持有数量。Mcnally 等（1999）研究结果表明，当公司宣布回购股票时，股价常常会出现正向的反应，股价的涨幅随回购股票的比例增大而增大，公司也会因此获得超额收益。Dittmar（2000）基于股权控制、经营现金流及财务杠杆等视角，实证研究了股票的回购行为，指出回购人自身持股比例和超常收益存在一定的关系，对信号传递假说做了进一步证实。Mitchell 等（2007）和 Hoque 等（2013）用企业规模作为控制变量，股份回购的概率随着企业信息不对称水平升高而上升。Jagan-nathan 等（2003）也指出管理层具有独特的信息，他们比外界更熟悉公司的财务和经营状况。当高管层预测企业未来前景良好时，他们会回购股份，向外界传递出利好消息，所以可以认为股份回购意味着公司未来的发展前景向好，股价和收益会有所上升。此外，有学者基于自由现金流视角对回购传递的信号进行了解释，指出回购股份代表着公司的自由现金流充裕，但在一定程度上说明公司缺少投资机会，因此，回购传递的信息是不利的（Jensen，1986）。Chan、Ikenberry 和 Lee（2004）指出，当市场判断出公司估值和内在价值出现偏差时，由于存在信息不对称，相对于外部投资者而言，公司内部人处于信息优势地位，当大股东进行股票回购时，会向投资者传递出价值被低估的信号。因此，内部人利用信息优势及交易的定价偏谋取私利（Ke、Huddart，2003；Seyhun，1990；Rozeff、Za-man，1998）。Easterbrook（1981）认为，内部人能够较早获得公司尚未公开的、对股价有重大影响的信息，从而利用这些信息获取超额收益。Chang 和 David Suk（1998）指出，在公司业绩增长的前六个月，内部人开始购买股票，当公司公布相关经营信息之后，股价出现上涨时，他们便抛售股票。Grullon G. Michaely（2004）指出，在股票回购公告的前 2 年至后 3 年这段时间里，研究样本的总资产回报率、息税前收益和经营性现金流量等财务指标与配对样本存在明显的差异。

### 2.3.2.2　国内相关文献

国内对大股东增持行为的研究起步较晚，但也取得了很多重要的研究成果。姜仁荣（2010）采集了 2008 年大股东增持的一百多家上市公司数据，使用择时理论、信号传递假说、隧道效应和激励效应对这些公司增持原因进行了理论解释，回归结果证实市场价格与公司大股东的增持行为具有明显的关系，同时，其他投资者会参照大股东增持时的股票价格做出投资决策。罗琦、贺娟（2015）指出，在股票市场上，市场时机对公司的投资和股权再融资会产生正向的影响，当控股股东持股比例处在较高水平时，这种影响更加明显。孙鑫（2011）就公司大股东增持对股票二级市场的短期影响进行了研究，选取了 2010 年 1 月至 2011 年

6 月 44 家上市公司数据，研究发现，当大股东增持股票时，股票价格会上涨，投资者能够获得明显的超额收益，同时发现，公司在公告发出前几天，一些公司的股票价格会出现明显的上涨，进一步证实这些公司存在内部信息泄露。马明、运怀（2009）认为，第一大股东持股比例、经营现金流、市账比、大股东增持的规模等因素对市场效应会有短期影响。林娜（2011）从单因素和多因素等角度分别分析发现，在发布增持公告时，公司的短期和长期的累计收益率具有不同的市场反应。短期内增持公告会引起市场的积极反应，公司的所有权对增持效应具有比较明显的影响；尤其是制造业股票的累计超额收益率明显低于其他行业；控股股东的增持比例、公司股权的集中度和市场的反应之间呈正相关，但公司的规模与市场反应之间呈负相关。方天亮（2011）以 2006 年三季度到 2008 年四季度之间 A 股市场大股东进行增持的公司数据为研究对象，研究发现，公司大股东的增持行为会向市场传递出股票价格被低估的信号，引起股价在短期内快速上升，证实了增持行为具有正向的财富效应。李俊峰、王汀汀等（2011）从 2008 年 8 月证监会颁布的新规之日起到 2010 年底，以期间大股东增持的 A 股上市公司为研究对象，指出大股东的增持具有积极的公告效应，并且这种公告效应具有一定的持续性，这进一步印证了方天亮的研究结论。当然公司大股东的增持行为跟市场环境有关，当市场环境不同时，其产生的市场反应也会不同。当市场处于牛市时，这种市场效应会更明显。方晓雄（2010）以 2008 年中国上市公司的大股东和高管为研究对象，发现二级市场上的投资者跟随内部人买卖股票也会获得超额收益，并且这种超额收益会随着时间的推移缓慢增加。沈艺峰、醋卫华等（2011）认为，在上市公司发布增持公告的窗口期内，平均超额收益率和累计超额收益率在 1% 的水平下显著。杨召（2012）以 2008 年 9 月至 2010 年 12 月，出现增持行为的上市公司为研究对象，对增持行为进行了实证分析，结果发现，若大股东和高管进行增持会引起股票价格上升，大股东的增持引起的市场反应更强烈。陈耿、杜烽（2012）研究表明，无论是在二级市场买入，还是通过认购新股增持，大股东均有操纵价格的动机。同时，曹明、陈收（2006）对公司股权分置改革期间出现股东增持的公司进行了研究指出，在该时间段内大股东的增持行为具有稳定股票价格的作用，但是效果却并不太显著。王建文、李蓓（2012）指出，2006 ~ 2011 年增持事件并未对市场产生明显的影响，但减持事件带来影响是比较大的。杨晶（2009）认为，在相对较短的时间内，国有股股东的增持行为能够稳定股票市场，与非国有股股东相比，二者增持的目的不同。在大多数情况下，国有股股东进行增持是出于政策考量，而非国有股股东更多是出于经济目的而选择增持。因为国家股和国有法人股的委托代理人和直接执行人不同，所以他们的增持行为会产生不同的市场反应，短期来看，国有法人股增持表现出更高的累计超额收益率，但从长期看，国家股的累计超额收益率反而更高。陈静文（2011）以 2007～2010 年 A 股市场发生大股东增持的公司为研究对象，认为公司大股东的增持行为在行业内具有很明显的效应。当大股东在二级市场上增持股票会被认为是一种积极的做多信号时，将会给公司带来超额的收益，但此时也会因为大股东增持产生一定的竞争效应。究其原因是同行的竞争对手认为这是对己方市场的压缩，反而他们不希望看到增持公告。魏浩（2011）认为，上市公司进行增持说明公司的各方面都表现良好；陈耿等（2012）认为，不管是从新股认购还是从二级股票市场买入公司股份，大股东的增持行为都避免不了具有操纵股票价格的嫌疑。沈艺峰等（2011）选取了以 2008 年 8 月至 2009 年 2 月二级市场增持股票的企业为研究对象，发现股东的增持比例与企业估值、业绩之间没有明显的关系，与股票价格是否低估以及未来盈利能力也没有联系，但与最终控制人有关，据此可以认为，公司大股东的增持行为有一定的政治动因。姜英兵等（2013）从市场时机的角度研究了大股东增持动因，研究发现，国有大股东与非国有大股东有明显的不同，前者主要是因为政治动因和财务动因，尤其受政治的影响更明显（如 2015 年的救市行为），后者主要是因为财务危机而采取的一种行为。郎香香、李常青（2013）指出，增发是在高市价、高市场需求量的时候进行的。何瑛、李娇、黄洁（2014）指出，上市公司股权集中度是股份回购的重要影响因素之一。唐松等（2014）从公司大股东的产权性质出发，研究发现，与国有大股东相比，非国有大股东增持股票的超额收益改善程度十分明显，可以认为非国有大股东增持的主要目的是获取最大的经济利益，国有大股东增持行为很大程度受政策或政府的影响。张光荣（2006）等以案例研究的方式对托普软件等上市公司的大股东增持动因以及实施路径进行了研究，认为大股东增持与该上市公司的公司业绩具有一致关系。王雄元（2008）等认为，大股东及高管等增持股票是为了获得公司业绩增长而产生的超额回报。于海云（2010）等从财务视角分析了 2008 年发生的大股东增持行为，认为大股东增持比例与资产收益率、净利润率具有明显的关系，但增持股份的比例与公司经营现金流却没有明显联系。王鹏、王建文等（2011）实证研究了2006~2009年66家公司大股东增持行为与公司绩效的关系，指出两者之间具有显著的关系。杨庚熹（2012）、陈强（2012）、禹竹（2012）、孙鑫（2012）按大股东增持的时间，分段进行了研究，认为大股东的增持行为会对上市公司的股票价格产生积极影响，在短期内可以为投资者获得超额收益。于海林等（2012）以2006~2009年高管增持的1000多家公司为研究对象，认为市场会对公司高管的增持行为产生积极反应。庞珏嗣等（2012）以2005~2010年证券市场的交易数据为研究对象，指出了高管的增持行为会向市场传递积极信号。孙超、新夫、全怡（2014）认为控股股东的增持行为并不受其所持有股份比例的影响，但对长期市场绩效具有负向影响。王建文、葛磊（2012）研究发现，我国上市公司大股东增持后公司业绩不仅没有显著性提升，反而损害了其他股东的利益。

# 2.4　研究评述

## 2.4.1　持股变动效果方面

国外学者从资本市场出发，研究高管持股情况和公司绩效的关系。大多数学者越来越倾向于得出这样一个结论：当高管持股比例较低时，提高他们的持股比例有利于股票价格上升。国内的研究虽起步较晚，但取得了较丰富的成果。早期的研究主要是借鉴国外研究的做法，对高管的持股比例与公司绩效关系进行验证。近几年，关于高管持股与企业绩效关系方面的研究呈上升趋势。其中，一些学者提出了真知灼见的观点，但也存在不同的看法，甚至存在相反的结论，出现这种情况的主要原因是，学者们在研究数据的统计口径、研究样本、实证方法及模型构建、控制变量设计等方面存在一定的差异。从现有的文献来看，国内外学者大多关注主板市场或其中某一行业上市公司的高管减持股份研究，包括减持股份与公司绩效、IPO溢价以及盈余管理等内容，但对高管减持的经济效果没有太多的涉及。

与高管减持的研究文献相比，高管增持股份方面的研究文献相对较少。此外，大部分文献忽视了内部人身份对持股行为的影响，比如实际控制人。虽然实际控制人和高管有一定的相似性，但二者还是存在着一定的差异。现有文献关于创业板市场和实际控制人持股行为的研究相对较少。

总之，关于对关键股东持股变动的效果，即关键股东增持和减持对上市公司绩效的影响，这方面的研究还不够系统、深入。实际控制人持股行为对企业绩效的影响仍需要进一步考察。所以，本书试图对这方面展开讨论，以期解决上述问题。

### 2.4.2　持股变动动因方面

通过国内外相关文献的梳理可知，国外有关股票回购及高管减持的研究是在发达资本市场的背景下展开的。关于股票回购的市场效应、影响因素、回购的动因，这方面仍没有达成统一。没有达成共识的原因是学者们在所选择研究样本、衡量指标等方面存在一定差异，并且资本市场环境也是复杂多变的。这些都是导致研究结论出现偏差的原因。国外学者通过全面、系统地研究内部人交易行为和股份回购，取得了丰富的研究成果。虽然没有形成统一的结论，但仍为我国研究大股东的持股行为提供了较好的参考。

国内关于内部人交易动因这一领域的研究还处在起步阶段，大多数是理论分析，实证分析相对较少。相对于国外的丰富研究成果，我们可供参考的范围比较有限。在减持行为影响因素方面，学者做了较为细致、具体的研究。大量学者们研究的视角主要是从公司自身特征出发，通过实证研究方法，寻找影响股东持股行为的各种因素。他们认为，企业的发展能力、风险水平、现金流量能力、盈利能力、营运能力等因素都会对减持行为产生一定影响。此外，还有一些研究表明，市场趋势、持股成本也会对减持行为产生一定影响。在内部人减持影响因素这一问题上，学者们仍未达成共识，主要是由于他们选择的替代指标、研究样本以及研究手段存在不同，使研究结论不一致。在一定程度上，可以认为这些研究结果是不具有可比较性的。

现有高管减持研究文献有很多，关于高管减持动因的文献主要集中在套现假说、高管异质性等方面。与主板市场相比，创业板市场高管大规模减持的现象比较突出。市场准入条件及企业属性有可能导致高管减持行为的出现，但是对高管减持股票背后的真正原因并没有进行深入挖掘。此外，对高管增减持的数量、频次的研究文献相对较少，这部分内容需要进一步完善（刘振斌，2012）。

与大股东减持的研究文献相比，国内关于他们增持的文献并不多。大股东第一次大规模的增持始于 2006 年股权分置改革（尤华，2013）。之前很少出现大股东的增持情况，所以有关这方面的研究比较少。近几年来大股东增持现象时有发生，有关这方面的研究也随之出现。在大股东增持方面，国内外学者认为大股东增持股票行为和企业的回购行为是一种传递信号的手段。大股东和管理层通过回购股票或者增持股份等方法，向市场传递出企业未来发展前景，或者公司股票价格被低估的信号，这种信号会对市场产生积极作用。国外学者主要基于内部人交易理论和信号传递理论进行分析，大股东增持股份会给公司带来超额收益，二者具有正向影响；国内学者主要选用股权分置改革之后的大股东增持股份事件为研究样本，通过分析得出，他们增持股份会对公司收益有积极影响，能够给上市公司带来超常收益，二者存在正相关关系。结论与国外类似，但他们的研究主体是大股东和高管，并未涉及上市公司的实际控制人。随着创业板市场的发展，越来越多的实际控制人选择直接持股（邵帅，2015），但围绕实际控制人这一主体开展持股变动的相关研究较少，且现有的研究内容不够全面、深入，所以，本书试图对关键股东持股变动的真实动因进行探讨，以期解决上述问题。

## 2.5　本章小结

本章对研究的基础理论进行了梳理。首先，对信息不对称理论、信号传递理论、委托—代理理论、股权结构内生性理论及内部人控制等理论进行阐述；其次，围绕实际控制人及高管持股变动效果及动因的国内外研究现状展开文献综述；最后，通过对国内外相关的文献梳理，总结归纳出国内外研究中存在的不足及改进的方向，明确提出本研究的任务和目标。

# 第❸章
# 研究对象与研究方法选择分析

本章首先阐述了创业板市场总体情况及创业板上市公司的特点，主要包括行业的分布、地域分布、股权结构和经营绩效；其次，详细介绍研究对象选取的情况，包括选取对象的行业分布等内容，分析实际控制人及高管增减持行为；最后，详细介绍实证方法。

## 3.1 创业板上市公司概况及特点分析

### 3.1.1 上市公司整体情况

创业板市场是为了适应加速自主创新型企业和成长创业型企业发展需要而设立的，是次于主板市场的二级证券市场，也是对主板市场的一个重要补充。与主板市场不同，在创业板市场上市的企业主要是以自主创新型、成长型为主。创业板市场的设立是我国资本市场上的又一壮举，它不仅是一个融资平台，还是我国发展经济的一个助推器。

2009 年 10 月 30 日，28 家公司首次挂牌上市以来，大批具有高新技术水平、高成长性的中小企业纷纷在创业板市场成功上市。创业板市场为中小企业的融资提供了一个方便、快捷的平台。截至 2018 年 12 月 31 日，上市公司共计 739 家，如表 3 - 1 所示，总发行股本 18404521 万股，上市公司市价总值为 559162477 万元。图 3 - 1 列出了创业板各上市公司上市时间分布图，其中 2009 年 10 月和

2014 年 1 月上市数量较高，分别是 28 家和 24 家。总之，近几年创业板市场得到了快速发展，市场容量不断扩大。

表 3 - 1　2009～2015 年创业板上市公司统计

| 年份 | 新增上市公司（家） | 累计上市公司（家） | 总发行股本（万股） | 市价总值（万元） |
|---|---|---|---|---|
| 2009 | 36 | 36 | 346031 | 16100835 |
| 2010 | 117 | 153 | 1750628 | 73652189 |
| 2011 | 127 | 280 | 3995333 | 74337921 |
| 2012 | 74 | 354 | 6008947 | 87312045 |
| 2013 | 0 | 354 | 7615630 | 150911978 |
| 2014 | 51 | 405 | 10772591 | 218509493 |
| 2015 | 87 | 492 | 18404521 | 559162477 |

数据来源：深圳证券交易所网站。

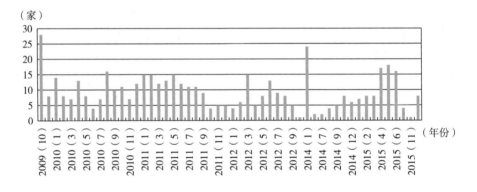

图 3 - 1　创业板上市公司上市时间分布

数据来源：深圳证券交易所网站。

### 3.1.2　上市公司特征分析

创业板市场的设立初衷是为具有高科技含量、高成长性的自主创业中小型企业提供融资平台，因此，创业板上市公司的行业分布与区域分布相对比较集中，上市公司的特征主要有以下几点：

3.1.2.1　行业分布

截至 2015 年 12 月 31 日，在上市的 492 家公司中，按照企业所属的行业，可以将其分为农林牧渔业、制造、信息技术等 13 个行业，各公司行业分布和占比情况如表 3 - 2 所示，其中制造业为 352 家，占比为 71.54%；信息技术为 84 家，占比为 17.07%；二者合计 88.61%。由此可见，创业板市场的上市公司是以高科技含量和高成长性的行业为主。

表 3 - 2　上市公司行业分布及其占比

| 名称 | 数量（家） | 占比（%） |
|------|-----------|-----------|
| 农林牧渔 | 7 | 1.42 |
| 采掘 | 4 | 0.81 |
| 制造 | 352 | 71.54 |
| 电热生产 | 2 | 0.41 |
| 建筑 | 6 | 1.22 |
| 批发零售 | 5 | 1.02 |
| 运输仓储 | 3 | 0.61 |
| 信息技术 | 84 | 17.07 |
| 商务服务 | 3 | 0.61 |
| 科研服务 | 8 | 1.63 |
| 公共环保 | 6 | 1.22 |
| 卫生 | 3 | 0.61 |
| 传播文化 | 9 | 1.83 |
| 合计 | 492 | 100 |

数据来源：深圳证券交易所网站。

3.1.2.2　区域分布

2015 年创业板上市公司的区域分布如表 3 - 3 所示，按地域分布的情况可以看出，广东省、北京市、江苏省、浙江省和上海市这五个省市的上市公司数量合计为 322 家，占总数量的 66.67%。从创业板市场上市公司的数量上来看，上述五个省市都有较高的占比，这与该地区的经济发展水平有关，也与这些地区拥有大量的高新技术型和创新型的中小企业存在着密切关系。

表 3 - 3　2015 年创业板上市公司区域分布

| 地区 | 数量（家） | 所占比例（%） | 地区 | 数量（家） | 所占比例（%） |
|---|---|---|---|---|---|
| 广东 | 99 | 20.12 | 河北 | 10 | 2.03 |
| 北京 | 80 | 16.26 | 天津 | 7 | 1.42 |
| 江苏 | 57 | 11.59 | 重庆 | 5 | 1.02 |
| 浙江 | 50 | 10.16 | 内蒙古 | 3 | 0.61 |
| 上海 | 36 | 7.32 | 江西 | 5 | 1.02 |
| 山东 | 22 | 4.47 | 新疆 | 3 | 0.61 |
| 湖南 | 15 | 3.05 | 海南 | 2 | 0.41 |
| 福建 | 13 | 2.64 | 山西 | 3 | 0.61 |
| 湖北 | 14 | 2.85 | 甘肃 | 2 | 0.41 |
| 河南 | 11 | 2.34 | 吉林 | 2 | 0.41 |
| 辽宁 | 11 | 2.34 | 云南 | 1 | 0.20 |
| 安徽 | 10 | 2.03 | 贵州 | 1 | 0.20 |
| 四川 | 19 | 3.86 | 黑龙江 | 2 | 0.41 |
| 陕西 | 8 | 1.63 | 广西 | 1 | 0.20 |

数据来源：深圳证券交易所网站。

### 3.1.2.3　股权结构

在股权结构方面，本书主要从股权集中度、股权制衡度和股权性质三个方面展开说明。

（1）股权集中度方面。分别列出表 3 - 4 为第一大股东持股比例统计表、表 3 - 5 为前三大股东持股比例统计表，表 3 - 6 为前五大股东持股比例统计表。在此，以 2014 年为例进行说明，截至 2014 年底，上市公司共计 405 家，其中有 47 家上市公司的第一大股东持股比例超过 50%，所占比例为 11.60%；持股比例介于 25% ~ 50%，共计 225 家，所占比例为 55.56%；前三大股东持股比例超过 50% 的公司，共计 191 家，所占比例为 47.16%；持股比例介于 25% ~ 50%，共计 204 家，所占比例为 50.37%；前五大股东持股比例超过 50% 的，共计 264 家，所占比例为 65.19%；持股比例介于 25% ~ 50% 共计 139 家，所占比例为 34.32%。总体来看，创业板上市公司具有较高的股权集中度。

· 46 ·

表 3 - 4　第一大股东持股比例统计　　　　　　　　　单位：家

| 指标 \ 年份 | 2010 | 2011 | 2012 | 2013 | 2014 |
|---|---|---|---|---|---|
| [50%，100%) | 22 | 41 | 50 | 48 | 47 |
| [25%，50%) | 88 | 167 | 214 | 205 | 225 |
| [20%，25%) | 21 | 38 | 45 | 48 | 65 |
| [10%，20%) | 17 | 29 | 40 | 48 | 63 |
| [0，10%) | 5 | 5 | 5 | 5 | 5 |

数据来源：根据 Wind 数据库，整理绘制。

表 3 - 5　前三大股东持股情况统计　　　　　　　　　单位：家

| 指标 \ 年份 | 2010 | 2011 | 2012 | 2013 | 2014 |
|---|---|---|---|---|---|
| [50%，100%) | 104 | 191 | 225 | 193 | 191 |
| [25%，50%) | 45 | 84 | 124 | 153 | 204 |
| [20%，25%) | 4 | 5 | 5 | 7 | 9 |
| [10%，20%) | 0 | 0 | 0 | 1 | 1 |
| [0，10%) | 0 | 0 | 0 | 0 | 0 |

数据来源：根据 Wind 数据库，整理绘制。

表 3 - 6　前五大股东持股情况统计　　　　　　　　　单位：家

| 指标 \ 年份 | 2010 | 2011 | 2012 | 2013 | 2014 |
|---|---|---|---|---|---|
| [50%，100%) | 133 | 241 | 296 | 262 | 264 |
| [25%，50%) | 20 | 39 | 58 | 91 | 139 |
| [20%，25%) | 0 | 0 | 0 | 1 | 1 |
| [10%，20%) | 0 | 0 | 0 | 0 | 1 |
| [0，10%) | 0 | 0 | 0 | 0 | 0 |

数据来源：根据 Wind 数据库，整理绘制。

（2）股权制衡度方面。通常使用第二大到第五大股东持股比例之和除以第一大股东持股比例衡量股权制衡度。表 3 - 7 和表 3 - 8 分别列出了不同股权制衡度下上市公司的数量和占比。具体数量和比例如下。在此以 2014 年为例，对创业板市场上市公司的股权制衡度进行说明，其中，在（0，0.5）区间的有 139家，所占比例为 34.32%；在［0.5，1）区间的有 130 家，所占比例为 32.10%；在［1，2）区间的有 107 家，所占比例为 26.42%。这说明，在创业板上市公司中，有 26.42% 的上市公司第二大到第五大股东的持股数之和大于第一大股东所持有的股数。在一定程度上，可以认为其他股东对第一大股东行为具有一定的约束、制衡作用。但从总量上来看，能发挥约束和制衡作用的上市公司还是比较少的。

表 3-7 不同股权制衡度下上市公司的数量 单位：家

| 年份 指标 | 2010 | 2011 | 2012 | 2013 | 2014 |
|---|---|---|---|---|---|
| （0，0.5） | 34 | 69 | 96 | 96 | 139 |
| ［0.5，1） | 49 | 92 | 115 | 115 | 130 |
| ［1，2） | 50 | 92 | 108 | 108 | 107 |
| 大于2 | 20 | 27 | 35 | 35 | 29 |

数据来源：根据 Wind 数据库，整理绘制。

表 3-8 不同股权制衡度下上市公司占比 单位：%

| 年份 指标 | 2010 | 2011 | 2012 | 2013 | 2014 |
|---|---|---|---|---|---|
| （0，0.5） | 22.32 | 24.64 | 24.64 | 31.92 | 34.32 |
| ［0.5，1） | 32.03 | 32.86 | 32.86 | 33.05 | 32.10 |
| ［1，2） | 32.68 | 32.86 | 32.86 | 25.14 | 26.42 |
| 大于2 | 13.07 | 9.64 | 9.64 | 9.89 | 7.16 |

数据来源：根据 Wind 数据库，整理绘制。

（3）股权性质方面。在此以实际控制人类型进行说明。关于实际控制人类型具体情况见表 3-9。从表 3-9 可以看出，我国创业板上市公司中以自然人为实际控制人的共计 443 家，占到总比例的 90.04%；以国有法人为实际控制人的公司仅有 14 家，所占比例仅为 2.84%。说明在我国的创业板上市公司中，绝大多数上市公司的实际控制人为自然人，主要原因是我国创业板上市公司在上市之前大多为民营或家族企业。

表 3 - 9　　实际控制人类型汇总　　　单位：家

| 控制人类型 | 大学 | 地方国有企业 | 地方国资委 | 国资委 | 集团企业 | 境外 | 中央国家机关 | 个人 | 总计 |
|---|---|---|---|---|---|---|---|---|---|
| 数量 | 3 | 1 | 4 | 9 | 1 | 30 | 1 | 443 | 492 |

数据来源：深圳证券交易所网站和 Wind 数据库，截止日期：2015 年 12 月 31 日。

在我国主板市场上，上市公司管理层持股比例一直较低，但创业板市场高管持股占比较大，如表 3 - 10 所示，列出了 2010 ~ 2015 年主板和创业板中高管持股比例，虽然创业板高管持股比例在 2013 年出现了最低值 26.8%，但总体上看是比较平稳的，均值为 33.96%。

表 3 - 10　　主板与创业板高管持股一览　　　单位：%

| 板块 ＼ 年份 | 2010 | 2011 | 2012 | 2013 | 2014 | 2015 |
|---|---|---|---|---|---|---|
| 上证 A 股 | 1.25 | 2.3 | 2.02 | 1.84 | 2.6 | 5.58 |
| 深证主板 A 股 | 16.26 | 18.64 | 19.19 | 19.15 | 18.01 | 13.3 |
| 创业板 | 37.6 | 38.4 | 36.7 | 26.8 | 32.8 | 31.5 |

数据来源：根据 Wind 数据库，整理绘制。

#### 3.1.2.4　公司经营业绩

对创业板上市公司经营业绩的考察，本书主要采用销售净利率、净资产收益率，每股收益这三个指标进行考察。表 3 - 11、表 3 - 12 和表 3 - 13 中分别列出了创业板上市公司 2010 ~ 2015 年的销售净利率、净资产收益，每股收益。可以看出，我国创业板上市公司的销售净利率、净资产收益率以及每股收益的均值均处于下降态势。但与主板市场和中小企业板相比，创业板上市公司的销售净利率、净资产收益率和每股收益均处于较高水平。整体而言，我国创业板上市公司的盈利能力是有所下降的，公司经营业绩处于下滑态势。

表 3 - 11　创业板上市公司 2010 ~ 2015 年的销售净利率　　　单位:%

| 年份＼板块 | 创业板 | 中小企业板 | 深证 A 股 | 上证 A 股 |
|---|---|---|---|---|
| 2010 | 21. 45 | 12. 63 | 12. 19 | − 7. 96 |
| 2011 | 20. 24 | 11. 62 | 754. 31 | − 234. 59 |
| 2012 | 16. 97 | 10. 13 | 16. 41 | 15. 22 |
| 2013 | 14. 89 | 7. 29 | 17. 84 | 9. 91 |
| 2014 | 14. 42 | 8. 69 | 8. 43 | 1. 4 |
| 2015 | 9. 65 | 7. 48 | 5. 86 | 6. 94 |

数据来源:根据 Wind 数据库,取算术平均值。

表 3 - 12　创业板上市公司 2010 ~ 2015 年的净资产收益率　　　单位:%

| 年份＼板块 | 创业板 | 中小企业板 | 深证 A 股 | 上证 A 股 |
|---|---|---|---|---|
| 2010 | 26. 29 | 17. 26 | 17. 06 | 13. 74 |
| 2011 | 17. 47 | 12. 14 | 11. 83 | 10. 38 |
| 2012 | 15. 87 | 9. 81 | 8. 63 | 5. 38 |
| 2013 | 13. 32 | 6. 83 | 6. 2 | 6. 53 |
| 2014 | 11. 8 | − 78. 18 | − 29. 19 | 7. 7 |
| 2015 | 9. 32 | 7. 01 | 6. 78 | 3. 95 |

数据来源:根据 Wind 数据库,取算术平均值。

表 3 - 13　创业板上市公司 2010 ~ 2015 年的每股收益　　　单位：元

| 年份＼板块 | 创业板 | 中小企业板 | 深证 A 股 | 上证 A 股 |
|---|---|---|---|---|
| 2010 | 0. 8077 | 0. 6613 | 0. 5962 | 0. 4074 |
| 2011 | 0. 7362 | 0. 5922 | 0. 5623 | 0. 4266 |
| 2012 | 0. 6209 | 0. 459 | 0. 4537 | 0. 3808 |
| 2013 | 0. 5792 | 0. 4051 | 0. 4339 | 0. 3931 |
| 2014 | 0. 5483 | 0. 3968 | 0. 4002 | 0. 3862 |
| 2015 | 0. 4097 | 0. 332 | 0. 3136 | 0. 3267 |

数据来源:根据 Wind 数据库,取算术平均值。

# 3.2　研究对象选取

## 3.2.1　关键股东持股变动效果研究对象选取

### 3.2.1.1　高管持股变动效果样本选择

2009 年 10 月份开启创业板大幕。受到创业板上市时间短及上市公司数量的限制，为了减少研究的误差，考虑到研究数据的可获得性，共选择了 186 家上市公司（详见附录 1）。在会计期间选取方面，由于该板块交易时间比较短，如果使用年度数据，研究样本量较少，有可能产生估计偏差，因此，在财务指标选择上，选用季度数据更为科学合理。高管持股变动是本书主要研究对象，为了更清晰地观察高管持股变动情况及其与公司绩效的跨期影响，本书选取了 2011 年第二季度至 2015 年第二季度，共计 17 个季度数据。研究数据来源于 Wind 数据库、上市公司各期季报、年报及深圳证券交易所网站。在数据收集过程中，将与高管有直系亲属或者通过其控制法人进行的股票操作数据一并纳入高管持股变动范围内，剔除不完整和重复的样本。在研究样本处理上，曾庆生（2008）以公司日为单位，将公司一天内所有同向交易进行合并，视为一个样本，吴育辉、吴世农（2010）采用公司人日的处理方法，将同一股东在同一个交易日所发生的增持或减持行为分别合并，即同一股东当天股票的交易合并视为同一研究样本，不同股东在同一天交易的行为视为不同研究样本。本书借鉴后者的做法，使用 Excel 和 Eviews 软件进行数据处理。

表 3 - 14 为高管持股变动效果研究样本地区分布情况。其中，研究样本大多来自广东省、浙江省、江苏省、北京市和上海市这五个省市，共计 117 家，占比 62.90%。表 3 - 15 为高管持股变动效果研究样本行业分布情况，其中制造业和信息技术业共计 154 家，占比 82.79%。

表3-14　高管持股变动效果研究样本地区分布情况　　　单位：家，%

| 地区 | 家数 | 所占比例 | 地区 | 家数 | 所占比例 |
|------|------|----------|------|------|----------|
| 广东 | 43 | 0.23 | 四川 | 6 | 0.03 |
| 北京 | 27 | 0.15 | 天津 | 4 | 0.02 |
| 海南 | 2 | 0.01 | 浙江 | 18 | 0.10 |
| 河北 | 4 | 0.02 | 内蒙古 | 1 | 0.01 |
| 江苏 | 15 | 0.08 | 江西 | 2 | 0.01 |
| 山东 | 7 | 0.04 | 重庆 | 3 | 0.02 |
| 湖南 | 5 | 0.03 | 甘肃 | 2 | 0.01 |
| 福建 | 8 | 0.04 | 黑龙江 | 1 | 0.01 |
| 湖北 | 5 | 0.03 | 吉林 | 1 | 0.01 |
| 河南 | 4 | 0.02 | 山西 | 1 | 0.01 |
| 辽宁 | 3 | 0.02 | 新疆 | 1 | 0.01 |
| 安徽 | 4 | 0.02 | 云南 | 1 | 0.01 |
| 上海 | 14 | 0.08 | | | |
| 陕西 | 4 | 0.02 | 合计 | 186 | |

数据来源：深圳证券交易所网站。

表3-15　高管持股变动效果研究样本行业分布情况　　　单位：家，%

| 行业名称 | 公司数量 | 所占比例 |
|----------|----------|----------|
| 农林牧渔 | 4 | 0.02 |
| 采矿业 | 4 | 0.02 |
| 制造业 | 126 | 0.68 |
| 建筑业 | 3 | 0.02 |
| 批发零售 | 4 | 0.02 |
| 运输仓储 | 1 | 0.01 |
| 信息技术 | 28 | 0.15 |
| 商务服务 | 4 | 0.02 |
| 科研服务 | 3 | 0.02 |
| 公共环保 | 4 | 0.02 |
| 卫生 | 1 | 0.01 |
| 传播文化 | 4 | 0.02 |
| 合计 | 186 | |

数据来源：深圳证券交易所网站。

表 3 – 16 列出了 2010 ~ 2015 年高管持股变动频次，从统计表可以看出，不管是高管增持频次还是减持频次都呈现上升趋势。

表 3 – 16　高管持股变动频次的统计

| 指标 ＼ 年份 | 2010 | 2011 | 2012 | 2013 | 2014 | 2015 |
|---|---|---|---|---|---|---|
| 增持次数 | 38 | 93 | 124 | 129 | 162 | 504 |
| 减持次数 | 39 | 192 | 269 | 452 | 569 | 519 |

数据来源：根据 Wind 数据库，整理绘制。

#### 3.2.1.2　实际控制人持股变动效果研究样本选择

深圳证券交易所发布了《创业板股票上市规则》，其中对股份限售情况做了具体的规定，实际控制人与控股股东持有的股份应当从 IPO 日起 36 个月后才可以买卖，受实际控制人类型及研究时间的限制，本书选择了 2010 年 6 月 30 日前上市的创业板公司，共有 90 家。截至 2013 年 6 月 30 日，实际控制人已过禁售期的公司为研究样本为 90 家。由于本书研究对象是实际控制人为自然人的创业板上市公司，因此根据实际控制人的类型，剔除了不符合条件的 4 家公司（其中国资委 2 家、地方国资委 1 家，中央国家机关 1 家），共选取 86 家（详见附录 2）。为了更清晰地观察实际控制人持股变动效果及其与绩效的动态跨期影响，在财务指标选择上，本书继续使用季度数据，即选取 2013 年第三季度至 2015 年第二季度期间数据。研究数据来源于 Wind 数据库、上市公司各期季报、年报及深圳证券交易所网站。

表 3 – 17 为实际控制人持股变动效果研究样本的地区分布情况。其中，研究样本大多来自广东省、北京市和上海市这三个地区，共计 43 家，占比 50%。表 3 – 18 为实际控制人持股变动效果研究样本行业分布情况，其中制造业共计 56 家，占比 65.11%。

表 3 – 17　实际控制人持股变动效果研究样本地区分布情况

| 地区 | 数量（家） | 所占比例（%） | 地区 | 数量（家） | 所占比例（%） |
|---|---|---|---|---|---|
| 广东 | 18 | 21 | 四川 | 3 | 3 |

续表

| 地区 | 数量（家） | 所占比例（%） | 地区 | 数量（家） | 所占比例（%） |
|---|---|---|---|---|---|
| 北京 | 19 | 22 | 天津 | 1 | 1 |
| 海南 | 1 | 1 | 浙江 | 9 | 10 |
| 江苏 | 4 | 5 | 内蒙古 | 1 | 1 |
| 山东 | 1 | 1 | 江西 | 1 | 1 |
| 湖南 | 2 | 2 | 重庆 | 1 | 1 |
| 福建 | 3 | 3 | 甘肃 | 2 | 2 |
| 湖北 | 4 | 5 | 黑龙江 | 1 | 1 |
| 辽宁 | 1 | 1 | 河南 | 2 | 2 |
| 上海 | 7 | 8 | 安徽 | 4 | 5 |
| 陕西 | 1 | 1 | 总计 | 86 | |

注：关键股东持股变动动因分析时沿用该样本。

数据来源：深圳证券交易所网站。

表 3 - 18    实际控制人持股变动效果研究样本行业分析    单位：家,%

| 行业名称 | 公司数量 | 所占比例 |
|---|---|---|
| 农林牧渔 | 1 | 1.16 |
| 采矿业 | 1 | 1.16 |
| 制造业 | 56 | 65.12 |
| 建筑业 | 1 | 1.16 |
| 批发零售 | 2 | 2.33 |
| 运输仓储 | 1 | 1.16 |
| 信息技术 | 16 | 18.60 |
| 商务服务 | 3 | 3.49 |
| 科研服务 | 2 | 2.33 |
| 公共环保 | 1 | 1.16 |
| 卫生 | 1 | 1.16 |
| 传播文化 | 1 | 1.16 |
| 合计 | 86 | 100 |

注：关键股东持股变动动因分析时沿用该样本。

### 3.2.2　关键股东持股变动动因研究对象选取

#### 3.2.2.1　关键股东减持动因研究样本选择

考察实际控制人和高管减持行为的动因时，本书继续沿用实际控制人持股变动效果的研究样本，依据 Wind 数据库重要股东二级市场交易明细，在搜集数据时剔除关键股东增持及个人投资者减持数据。关于会计期间的选取，仍然沿用季度数据。由于解释变量使用的是季度变量，因此，本书将关键股东减持比例的数据按照季度合并，采用公司人日的处理方法，将同一股东在同一个交易日所发生的增持或减持行为分别合并，即同一股东当天股票的交易合并视为同一研究样本，不同股东在同一天交易的行为视为不同研究样本（吴育辉、吴世农，2010）。研究数据来源于 Wind 数据库、上市公司各期季报、年报及深圳证券交易所网站。

#### 3.2.2.2　关键股东增持动因研究样本选择

关键股东增持动因分析继续沿用关键股东减持动因分析的样本，不同的是，依据 Wind 数据库重要股东二级市场交易明细，在搜集数据时剔除关键股东减持及个人投资者增持数据。研究数据来源于 Wind 数据库、上市公司各期季报、年报及深圳证券交易所网站。

## 3.3　研究方法

在经济学的相关研究中，常用普通最小二乘法检验两个变量关系，这种现象较为普遍。但该方法有一个隐含的前提条件是，在一定时间内，经济、政策环境相对稳定，并且被解释变量对解释变量没有其他影响。在现实中，变量组并非都能够满足这一条件，有时会存在某一个或某些解释变量和扰动项相关的情况，这称之为内生变量。在通常情况下，因变量对自变量会有一定的促进作用，自变量也会对因变量产生一定的反馈效应，这就是典型的内生性问题[①]。

---

① 靳云汇，金赛男. 高级计量经济学［M］. 北京：北京大学出版社，2007.

Wintoki 等（2010）认为，在实证研究中，需要控制的内生性来源主要包括：联立性、动态内生性和不可观察的异质性。以方程（3.1）为例：

$$y_{it} = \beta_0 + \sum_m k_m y_{it-m} + \beta_1 x_{it} + \beta_3 z_{1it} + \beta_4 \eta_{it} + \varepsilon_{it} \tag{3.1}$$

其中，$x$ 代表关键股东持股变动比例，$y$ 代表公司绩效，$z$ 代表控制变量，$\eta_i$ 代表个体效应，$\varepsilon_{it}$ 是随机扰动项，$m$ 的取值范围 $[1 - P]$。股权结构具有内生性（曹露燕，2013；周翼翔，2010），即 $\hat{\beta} = 0$。联立性是指 $y$ 和 $x$ 具有相互影响，即 $E(\varepsilon_{it}/x_{it}, z_{it}) \neq 0$，此时，采用 $OLS$ 和固定效应回归估计的结果是有偏的。通常使用方程组解决联立性问题。但是，需要用严格的外生工具变量解决这个问题。事实上，识别严格的外生工具变量是非常困难的。不可观察的异质性，即 $E(\eta_i/x_{it}, z_{it}) \neq 0$。只有在自变量和因变量过去值完全无关的前提下，才能使用固定效应方法估计，即 $E(\varepsilon_{is}/X_{it}, Z_{it}) = 0 \cdots$，$\forall S, t$，此时估计结果才是一致无偏的、有效的。如果过去公司绩效对当前持股变动比例产生影响，估计值会产生一定偏差。在动态内生性情况下，不能采用固定效应估计方法。以一个简单的线性模型为例进行说明：

$$y_t = \beta x_t + \eta + \varepsilon_t \tag{3.2}$$

其中，$\eta$ 代表不可观察的异质性，$\ddot{y}_t = \beta \ddot{x}_t + \varepsilon_t$，$\ddot{x} = x_{it} - \bar{x}_i$；$\ddot{y} = y_{it} - \bar{y}_i$。参考 $Woold\ ridge(2002)$ 的证明，方程（3.2），用固定效应方法估计出来的极值：

$$plim(\hat{\beta}_{FE}) = \beta + \left[ \frac{1}{T} \sum_{t-1}^{T} E(\ddot{x}'_{it} \ddot{x}_{it}) \right]^{-1} \left[ \frac{1}{T} \sum_{t-1}^{T} E(\ddot{x}'_{it} \varepsilon_{it}) \right] \tag{3.3}$$

固定效应估计的方向和偏差由 $E(\ddot{x}'_{it} \varepsilon_{it})$ 决定。假设在 $t$ 时刻的持股变动比例 $x$ 取决于 $t - 1$ 时刻或者更早期的公司绩效 $y$，则有：

$$\frac{1}{T} \sum_{t-1}^{T} E(\ddot{x}'_{it} \varepsilon_{it}) = -\frac{1}{T} \sum_{t-1}^{T} E(\vec{x}_i \varepsilon_{it}) = -E(\vec{x}_i \vec{\varepsilon}_i) \neq 0 \tag{3.4}$$

方程（3.4）认为，在 $x$ 和 $y$ 的滞后值正向作用下，同期 $y$ 对 $x$ 的固定效应估计结果将出现负向偏差。$x$ 和 $y$ 不具有因果关系，使用固定效应方法估计出一个伪回归结果。以（3.5）解释伪回归，模型中绩效 $y$ 的滞后值会使持股变动 $x$ 变化，$x$ 对 $y$ 变化没有影响，模型如下：

$$\Delta y_{it} = \varepsilon_{it} \tag{3.5}$$

$$\Delta x_{it} = A(L) \Delta y_{it} + v_{it}$$

$$\varepsilon_{it} v_{it} \sim i.i.d., \ N(0, 1)$$

其中，$L$ 是滞后算子，$A(L) = a_1 L + a_2 L^2 + \cdots + a_T L^T$，所有系数符号是相同的。将上面的公式可变形成：

$$x_{it} = x_{i0} + C^t(L)\Delta y_{it} + u_{it} \tag{3.6}$$

其中，$C^t(L)$ 是一个随时间变化而变化的多项式，$x_{i0}$ 是初始值，$u_{it}$ 是随机误差项，

且 $E[x_{i0}\varepsilon_{it}] = 0$，$E[\varepsilon_{it}\mu_{js}] = 0$，$\cdots$，$\forall i \neq j$；$t \neq S$。

将式（3.6）代入式（3.5）有：

$$-E(\vec{x}_i \vec{\varepsilon}_i) = -\frac{1}{T^2}\sum_{t=1}^{T}\left[\sum_{t=1}^{T}X_i\sum_{r=1}^{T}\varepsilon_{t-1}\right] = -\frac{1}{T^2}\sum_{t=1}^{T}\left[\sum_{t=1}^{T}C^t(L)\Delta y_t\sum_{r=1}^{T}\varepsilon_{t-r}\right]$$

$$= -\frac{1}{T^2}\sum_{t=1}^{T}\left[\sum_{t=1}^{T}C_r^t(L)\varepsilon_t\sum_{r=1}^{T}\varepsilon_{t-r}\right] \tag{3.7}$$

方程（3.7）简化为方程（3.8）：

$$-E(\vec{x}_i\vec{\varepsilon}_i) = -\frac{1}{T^2}\sum_{t-1}^{T}\sum_{r-1}^{T}C_r^t \tag{3.8}$$

该公式意味着即便 $x$ 对 $y$ 没有因果关系，选用固定效应方法回归后，$y$ 对 $x$ 也可以产生一个统计上显著的结果。

关于动态面板 GMM 估计方法。在 1982 年 Lars Hansen 首次将广义矩估计方法引入计量经济学文献，自此，在实践中广义矩估计得到了广泛应用。OLS 与极大似然估计法本身具有一定的局限性。如 OLS 只有在遵循经典假设的条件下，估计结果是有效的，当存在异方差、相关性等问题时，该方法将出现估计偏差；极大似然估计法的前提是其随机扰动项的分布必须符合一定的假设条件。广义矩估计 GMM 允许随机扰动项存在异方差、自相关，也可以不考虑随机扰动项的分布信息，该方法具有其独特的优势[①]。

在存在动态内生性问题的情况下，为了获得有效的估计，通常采用动态面板 GMM 估计方法，这种方法是 Holtz – Eakin、Rosen 和 Newey（1988），Bond 和 Arellano（1991）提出的，Arellano 和 Bover（1995），Blundell 和 Bond（1998）进一步发展了该方法。估计步骤如下：

首先，我们写出动态模型（3.1）的一阶差分形式（3.9）：

① 潘省初 . 计量经济学 ［M］. 北京：清华大学出版社，2013.

$$\Delta y_{it} = \beta_0 + \sum_m K_m \Delta y_{it-m} + \beta_1 \Delta x_{it} + \beta_3 \Delta Z_{1it} + \beta_4 \Delta \eta_{it} + \Delta \varepsilon_{it} \tag{3.9}$$

不可观察的异质性带来任何潜在的估计偏差都可以通过一阶差分方法消除。GMM 估计通常使用解释变量的滞后值，作为当前自变量的工具变量，因此，在估计方程（3.1）或方程（3.9）时，被解释变量或解释变量的滞后值作为工具变量，例如，$y_{t-k}$、$x_{t-k}$、$Z_{t-k}(k > p)$。在实证过程中，工具变量需要满足的条件：一方面，工具变量能够对当期的持股变动比例做出解释，即 $X_t = f(y_{t-k}, X_{t-k}, Z_{t-k})$；另一方面，是工具变量的滞后值，是外生于当期持股变动比例，即与方程（3.1）的误差项无关。方程（3.1）中设定 $p$ 阶滞后期，所有的滞后效应均应包含 $P$ 中。本书在实证过程中使用 Sargarn Test 检验，满足了滞后值的外生假设，就能够得到方程（3.10）正交条件：

$$E(x_{it-m}\varepsilon_{it}) = E(z_{it-m}\varepsilon_{it}) = 0 \cdots m > p \tag{3.10}$$

其次，运用 GMM 方法进行估计，此时，需要解决几个问题：Beck、Loayza 和 Levine（2000）认为，若原始模型在水平状态是概念型的，采用差分方式可能会减弱 GMM 估计效果；Bover 和 Arellano（1995）提出水平状态的变量，对一阶差分方程来说有可能是一个弱工具变量；一阶差分有可能使测量误差对因变量产生一定的影响（Griliches 和 Hausman，1986）。Bover 和 Arellano（1995），Bond 和 Blundell（1998）提出联合估计，这种方法可以比较好地解决此问题，构建了水平和差分形式方程组：

$$\begin{bmatrix} y_{it} \\ \Delta y_{it} \end{bmatrix} = a + k \begin{bmatrix} y_{it} - p \\ \Delta y_{it-p} \end{bmatrix} + \beta \begin{bmatrix} X_{it} \\ \Delta X_{it} \end{bmatrix} + \gamma \begin{bmatrix} Z_{it} \\ \Delta Z_{it} \end{bmatrix} + \varepsilon_{it} \tag{3.11}$$

在系统 GMM 估计中，采用一阶差分变量作为水平状态方程的工具变量，会使水平形式的方程里包含不可观察的异质性。为解决该问题，提出了持股变动比例与控制变量和不可观察的异质性相关假设，在短期内，这种关系是稳定的。这个假设是合理的，如短期内企业的生产规模、股权集中度等变量符合这个特征。用数学形式可表示为：

$$E[\Delta x_{it} - s(\eta_i + \varepsilon_{it})] = E[\Delta z_{it} - m(\eta_i + \varepsilon_{it})] =$$
$$E[\Delta y_{it} - m(\eta_i + \varepsilon_{it})] = 0 \cdots \forall m > p \tag{3.12}$$

通过上述方法，构建系统 GMM 估计，可以获得一个有效估计。

# 3.4  本章小结

　　本章首先着重阐述了创业板市场总体情况，其中包括行业分布、区域分布、创业板上市公司股权结构、实际控制人及经营业绩现状；其次，对实际控制人和高管持股样本选取的标准以及样本地区分布、行业等方面进行了详细说明；最后，对研究方法进行了详细介绍，为后面的数据处理提供支持。

# 第❹章
# 研究假设与模型设计

本章重点介绍关键股东持股变动效果与动因的研究设计，基于第 2 章和第 3 章的基础理论、文献综述和创业板实际情况的分析，提出了相关研究假设。

## 4.1 持股变动效果的研究假设与模型设计

### 4.1.1 持股变动效果研究假设的提出

#### 4.1.1.1 高管持股变动效果研究假设的提出

基于委托代理问题的分析，为了实现股票价格的上升，高管会积极地将企业内部好的消息传递给市场。在信息披露的过程中，企业管理层一般会进行盈余管理，或者通过操控企业利润等手段实现企业利润的虚增，以向外部投资者传递一些企业发展良好、经营状况稳定等积极的信号，也满足了大股东对经营业绩的要求。管理层通过这种方式可获得更多的工资、奖金及其他福利，这对企业的管理层来说是最直接的经济收益。此外，公司大股东会给管理层一定的股权作为奖励，激励他们努力工作，也希望他们为企业投入更多的精力，提高公司股票价格，进而提升企业的绩效水平。Lela 和 Pyle（1977）认为，在一定程度上，高管持股可以降低信息不对称。管理层往往通过职务之便掌握企业的内部状况，能够对企业未来的发展前景及经营状况做出最切实际的判断与理解，进而做出符合市场走势的投资决策。管理层通常会在股票价格处于高位的情况下，在二级市场，迅速地买卖股票，获取一定的价差收益，使自身效益维持在较优的水平。但对公司外部的中小投资者而言，他们获得信息的渠道比较单一，主要通过上市公司发布的各类公告和财务报表，据此分析与预测公司的经营现状，判断企业的未来发展方向，做出"合乎情理"的投资决策。根据掘壕自守假说和信号传递理论，高层管理者的增持或减持行为，往往是基于自身效应最大化的考量。也就是说，在公司价值被市场低估的情况下，高管层会采取增持公司股票措施，影响股价，促进公司绩效增长；在公司价值被市场高估的情况下，高管层会采取减持公司股票的行为。陈宇辉（2012）认为，在中小板上市公司中，高管减持频率显著影响减持事件信号的传递效应。有些上市公司高管过于频繁地减持，并不是出于对上市公司发展前景的考量。在高管减持的初期，投资者不能及时对市场做出判断，采取措施。根据信号传递理论可知，当高管大规模减持时，投资者普遍认为高管是为了套现获取利润，从而会改变自己的投资决策，盲目跟风。有时会因股票解禁而引起高管大量的持续减持，引发股票的供需失衡，导致股票价格下跌。同时，随着股票价格的下跌，供求失衡会进一步加剧，最终使股票价格出现大幅下跌，这不仅给二级市场的稳定带来较大影响，也会对公司经营业绩带来较大的冲击。总之，高管增持或减持行为具有一定的信号传递功能。鉴于此，提出如下假设：

Ha1：当期高管持股变动比例与当期公司绩效负相关。

Ha2：当期高管变动方向与当期公司绩效相关。

Ha3：当期高管减持比例与当期公司绩效负相关。

Ha4：当期高管增持比例与当期公司绩效正相关。

Ha5：当期高管减持次数与当期公司绩效负相关。

Ha6：当期高管增持次数与当期公司绩效正相关。

在动态内生性框架下，股权结构与公司绩效关系的研究文献相对较少，但既有的研究结论表明，公司前期绩效会影响到当期股权结构。如果公司前期绩效表现得较好，公司通常会对管理层进行薪酬激励，如增加他们的持股比例。Fahlen-brach 和 Stulz（2009）从内生性的视角，研究了公司绩效与管理层持股比例的关系，实证结果表明，当公司前期绩效情况比较好时，一般情况下管理层都会增加持有公司股份的数量；但当公司前期绩效状况表现较差时，管理层会减少他们所持有公司股份的比例。如果高管预期公司绩效增加，他们持股变动可能性较小。

反之，预期公司绩效下降，高管持股变动可能性较大。

Fahlenbrach R. 和 StulzR. M. （2009）认为，投资者获取股权结构变化信息具有一定的滞后性，并从这个角度对公司绩效与股权结构的动态关系进行了解释，提出了股权结构对公司绩效的影响存在滞后效应（丁平，2008；郝云宏、周翼翔，2010；王华、黄之骏，2006）。在一个信息不对称市场环境中，投资者获取公司相关信息时，会存在一定的滞后效应。短期内投资者不能及时掌握股权结构的变化情况，使他们的决策行为出现了一定的滞后性，最直接的后果就是公司当期股权结构的变化不仅对当期公司绩效产生影响，还会对滞后一期或者滞后两期的公司绩效产生一定影响。对公司绩效影响时间长短与投资者掌握信息的多少有着十分密切的关系。在我国资本市场上，由于中小投资者获得信息的方式较少，并且获取信息的时效性较差，使信息不对称等问题变得更为突出。由此可见，持股变动情况对公司绩效的影响存在一定滞后性。Bebchuk 等（1994）指出，内部人交易行为违背了市场公平、公开交易的规则，拥有企业内部信息的高管可以轻松从中获益，但对处于信息劣势的外部投资者来说，往往会因此做出逆向选择，致使市场交易效率下降。房莉（2013）指出，股权结构与公司绩效存在相互制约和相互影响的关系。朱茶芬等（2011）指出，因为我国证券市场的监管不严格，使高管在交易过程中具有一定的信息优势。对于熟知公司内部相关信息的创业板上市公司高管来说，他们持股比例发生大幅度变动会对公司正常运营带来一定影响，不利于公司成长和正常运营。一定程度上这种行为违背了对投资者的承诺，会大大挫伤他们的信心，使他们对公司经营成果产生错误的分析与预测，进而影响到公司的经营状况和股价走势。基于以上的分析，提出如下三个假设：

Ha7：前期高管增持比例与当期公司绩效正相关，减持比例与当期公司绩效负相关。

Ha8：前期公司绩效与当期高管增持比例正相关，与减持比例负相关。

Ha9：高管持股变动与公司绩效存在跨期的相互作用。

4.1.1.2　实际控制人持股变动效果研究假设的提出

Faccio 和 Lang （2002）指出，当公司中存在控股股东，很有可能会出现控股股东的侵占行为，而这种侵占行为在一定程度上会加剧代理冲突，增加代理成本，致使公司价值下降。由于我国对投资者保护的法律体系不够健全、完善，在一定程度上，加剧了实际控制人与中小投资者之间的代理冲突。由于实际控制人及高管能够提前获知公司财务信息，为了实现自身利益的最大化，他们依据相关的财务指标判断是否增减持股份的可能性很大。持股数量的增减代表着他们对公司未来发展前景的态度，这对中小投资者的增减持行为会产生重要影响，也会成为他们投资决策的依据。孟海霞、卢子敏（2011），崔磊（2011）对产业资本股东的增减持行为进行了研究，在控股股东地位不发生变化的前提下，由于信息不对称，控股股东具有一定的信息优势。当企业经营状况较好时，控股股东会逢低进入，降低购买成本；当经营情况较差时，资产会逢高退出，赚取价差收益。统计结果显示，公司的市场价值与控股股东的减持行为具有显著负向影响。基于以上分析，提出如下假设：

Hb1：实际控制人持股变动对公司业绩负相关。

随着创业板市场的不断发展，越来越多实际控制人选择直接持有上市公司的股份。与金字塔结构相比，在一定程度上，实际控制人选择直接持股，可以防止炒壳、卖壳等行为，实际控制人也将会更加关注公司的长期经营业绩（邵帅，2015）。通过实际控制人的内部监督，可以提高公司的治理水平，促进企业价值的提升。随着实际控制人直接持股比例的增加，现金流权与控制权分离度会越来越低，大股东的掏空行为也会随之收敛。从股权结构的安排上看，直接持股可以减少此类行为的出现，进而提高企业价值。实际控制人选择直接持有上市公司股份，有利于企业产权与个人财产权捆绑，也有利于个人风险与公司风险趋同（Fama 和 Jensen，1983），还有利于大股东与中小股东利益绑定，这将会产生一定的激励作用，进而提升企业价值。邵帅（2015）提出了实际控制人直接持有股份会提升公司价值，将个人财产与企业财产捆绑会产生一定的激励作用。在创业板市场上，绝大多数是民营企业，大多数的实际控制人是企业主要经营者和管理者，所以实际控制人的自身利益与企业利益存在着密切的联系。因此，为了维护自身的利益，实现投资收益最大化的目标，他们有足够的动力去激励和监督管理层，一定程度上会缓解所有者和经营者之间的代理问题，降低代理成本，提高公司绩效。王建文、李蓓（2012）对 2006～2011 年发生增减持事件进行了研究，对公告发布前后的市场反应进行了对比分析，结果表明，增持事件的市场反应不明显，但减持事件会引发较大的市场反应。谢飞（2013）对上市公司大股东的增减持市场反应进行了研究，研究结果表明，在大股东的增减持公告发布后，市场会出现较明显的反应。如果公司发布的是增持公告，股票会出现正的累计超额收益；如果公司发布的是减持公告，股票会有负的累计超额收益。基于以上分析，本书提出如下假设：

Hb2：实际控制人增持比例与公司绩效正相关，或者无关。

Hb3：实际控制人减持比例与公司绩效负相关。

Demsetz（1983），Demsetz 和 Lehn（1985），Kole 和 Lehn（1997）从不同角度进行了研究，证实了股权结构具有内生性的特征。有些学者用"一股独大"来形容我国的股权结构，这也说明了控股股东所持有股份的数量较高，且持股占比较为稳定。因此可以认为，第一大股东持股变动的内生性问题相对较小。但从创业板企业的总体情况来看，非控股股东的持股变动幅度较大，这种持股变动与上市公司的经营状况是息息相关的。在不同阶段，非控股股东会采取不同的措施。换言之，非控股大股东的持股份额是内生于公司的经营业绩。目前，上市公司股份大部分是流通股，流通股比例呈现逐年上升的趋势，实际控制人持有的股份能够在二级市场上买卖。楼瑛、姚铮（2008）通过对大股东减持行为的研究可知，发现减持效应具有一定的滞后性。在公司绩效表现比较好的情况下，实际控制人会愿意持有更多的股份，以期赚取更多的收益，并达到优化公司股权结构的目的。有关国内民营上市公司的股权结构内生性问题的研究较少，但从上述分析可知，民营上市公司存在股权结构内生性问题。基于上述分析，提出如下假设：

Hb4：公司绩效与实际控制人持股变动具有相互影响。

Hb5：公司绩效与实际控制人持股变动存在动态跨期作用。

### 4.1.2　持股变动效果模型设计

4.1.2.1　高管持股变动效果的研究设计

（1）变量选取。

公司绩效：借鉴 Anderson 和 Reeb（2010）的做法，本书选用会计业绩和市场业绩去衡量企业绩效。即选用会计指标 ROA、ROE 和市场价值指标 EPS 作为公司绩效的替代变量。

高管持股变动：高管持股变动的最常用替代变量是高管持股比例，为清晰地展现高管持股与公司绩效之间的真实关系，更全面地分析高管持股变动对公司绩效的影响，本文选取了高管持股变动比例（包括增持比例和减持比例）、变动方向和变动频次（包括增持频次和减持频次）这几个指标。

企业成长性：借鉴 Cui 和 Mak（2002）的做法，选用企业的总资产增长率作为成长性的替代指标。

公司规模：选用公司的年末总资产自然对数值表示。

资产负债率：选用总负债除以年末总资产的比值，来衡量公司的财务杠杆。

股权集中度：股权结构对公司业绩有显著影响（孙永祥、黄祖辉，1999；胡国柳、蒋国洲，2004；李善民等，2006；李维安、李慧聪，2013）。股权集中度采用前五大股东持股比例之和。

表 4 - 1　变量一览

| 指标 | | 表示符号 | 概念及计算公式 |
|---|---|---|---|
| 被解释变量 | 总资产收益率 | ROA | 营业利润/总资产 |
| | 净资产收益率 | ROE | 净利润/普通股股东权益 |
| | 每股盈余 | EPS | 本年盈余/流通在外股数 |
| 解释变量 | 变动比例 | BD | 本季度内高管增减持比例的代数和 |
| | 减持比例 | GJB | 同一样本同一季度增减持变动比例，为负 |
| | 增持比例 | GZB | 同一样本同一季度增减持变动比例，为正 |
| | 变动方向 | FX | 本季度内净增持为 1；不变为 0，净增减持为 2 |
| | 增持频次 | GZC | 本季度内高管增持的次数，若本季度内高管持 1 次记 |
| | 减持频次 | GJC | 为 1，以此类推（GJC 计算方法与 GZC 相同） |
| 控制变量 | 公司规模 | ZZC | 公司总资产的自然对数 |
| | 股权集中度 | H5 | 前五大股东持股比例之和 |
| | 企业成长性 | CZX | 本年总资产增长额/年初资产总额×100% |
| | 资产负债率 | ZCFZ | 负债总额/资产总额 |
| | 行业 | HY | 依据 Wind 数据库行业分类标准，共设 12 个行业虚拟变量 |
| | 收益波动率 | BDL | 公司的股票收益率的标准差 |

（2）模型设计。

本书参考 Davidson、Rowe（2004），周翼翔（2012）和王振山（2014）的模

型和做法，建立了模型。

$$ROA_{it}/ROE_{it}/EPS_{it} = \beta_0 + \sum_m K_m ROA_{it-m}/ROE_{it-m}/ROE_{it-m} + \beta_1 BD_{it}/FX_{it} + \beta_2 ZZC_{it} + \beta_3 ZCFZ_{it} + \beta_4 HY_{it} + \beta_5 H5_{it} + \beta_6 CZX_{it} + \varepsilon_{it}$$

(4.1)

$$ROA_{it}/ROE_{it}/EPS_{it} = \beta_0 + \sum_m K_m ROA_{it-m}/ROE_{it-m}/ROE_{it-m} + \beta_1 GZB_{it}/GJB_{it} + \beta_2 ZZC_{it} + \beta_3 ZCFZ_{it} + \beta_4 HY_{it} + \beta_5 H5_{it} + \beta_6 CZX_{it} + \varepsilon_{it}$$

(4.2)

$$ROA_{it}/ROE_{it}/EPS_{it} = \beta_0 + \sum_m K_m ROA_{it-m}/ROE_{it-m}/ROE_{it-m} + \beta_1 GZC_{it}/GJC_{it} + \beta_2 ZZC_{it} + \beta_3 ZCFZ_{it} + \beta_4 HY_{it} + \beta_5 H5_{it} + \beta_6 CZX_{it} + \varepsilon_{it}$$

(4.3)

本书设定了以下模型：模型（4.1）用于检验 Ha1、Ha2；模型（4.2）、模型（4.3）分别检验 Ha3、Ha4、Ha5 和 Ha6。模型（4.4）、模型（4.5）、模型（4.6）检验高管持股变动与公司绩效间的动态跨期影响，构建了以下模型：

当期高管持股变动与当期公司绩效之间关系的动态模型如下：

$$y_{it} = \beta_0 + \sum_m K_m y_{it-m} + \beta_1 x_{it} + \beta_3 Z_{1it} + \varepsilon_{it}$$

(4.4)

前期高管持股变动与当期公司绩效关系的动态模型如下：

$$y_{it} = \beta_0 + \sum_m K_m y_{it-m} + \beta_1 x_{it-1} + \beta_3 Z_{1it} + \varepsilon_{it}$$

(4.5)

当期高管持股变动与前期公司绩效的反馈效应模型如下：

$$x_{it} = r_0 + \sum_n \lambda_n x_{it-n} + r_1 y_{it-1} + r_3 Z_{2it} + \varepsilon_{it}$$

(4.6)

其中，$m$、$n \geq 1$，$Y_{it}$ 表示公司绩效（ROA、ROE 和 EPS），$X_{it}$ 在模型（4.1）中分别代表高管持股变动比例（BD），高管净增持比例（GZB），高管净减持比例（GJB）。$Z_{1it}$ 和 $Z_{2it}$ 分别表示公司绩效和高管持股变动比例的控制变量。公司绩效的控制变量包括公司规模、资产负债率、股权集中度、企业成长性和行业；高管持股变动比例的控制变量包括公司规模、资产负债率、收益波动率、行业、企业成长性和股权集中度。

（3）数据来源。高管持股变动效果是本小节主要研究对象，为了更清晰地观察高管持股变动效果及其与公司绩效的跨期影响，本书选取了 2011 年第二季度至 2015 年第二季度，共计 17 个季度数据。研究数据均来源于 Wind 数据库、上市公司各期季报、半年报、年报及深圳证券交易所网站。其中，高管变动比例、增持比例、减持比例、增持次数、减持次数及变动方向均根据 Wind 数据库提供的重要股东二级市场交易明细，手工搜集而成。使用 Eviews 和 Excel 软件进行数据处理。

#### 4.1.2.2  实际控制人持股变动效果的研究设计

（1）变量选取。实际控制人持股比例变动，根据 Wind 数据库提供的重要股东二级市场交易明细及实际控制人明细，手工搜集而成；公司绩效、企业成长性、公司规模、资产负债率和股权集中度，这些指标的选取标准参考高管持股变动效果的研究设计。

表 4 - 2  变量一览

| 指标 | | 表示符号 | 概念及计算公式 |
| --- | --- | --- | --- |
| 被解释变量 | 总资产收益率 | ROA | 营业利润/总资产 |
| | 净资产收益率 | ROE | 净利润/普通股股东权益 |
| | 每股盈余 | EPS | 本年盈余/流通在外股数 |
| 解释变量 | 实际控制人持股比例变动 | ZRR | 本季度内实际控制人增减持比例的代数和 |
| | 实际控制人增持比例 | ZZB | 同一家样本公司同一季度内增持比例 |
| | 实际控制人减持比例 | ZJB | 同一家样本公司同一季度内减持比例 |
| 控制变量 | 公司规模 | ZZC | 公司总资产的自然对数 |
| | 股权集中度 | H5 | 前五大股东持股比例之和 |
| | 企业成长性 | CZX | 本年总资产增长额/年初资产总额×100% |
| | 资产负债率 | ZCFZ | 负债总额/资产总额 |
| | 行业 | HY | 依据 Wind 数据库行业分类标准，共设 12 个行业虚拟变量 |

（2）模型设计。本书参考 Davidson、Rowe（2004），周翼翔（2010），王振山（2014）的模型的做法，建立了模型。

$$ROA_{it}/ROE_{it}/EPS_{it} = \beta_0 + \sum_m K_m ROA_{it-m}/ROE_{it-m}/ROE_{it-m} + \beta_1 ZRR_{it} +$$

$$\beta_2 ZZC_{it} + \beta_3 ZCFZ_{it} + \beta_4 HY_{it} + \beta_5 H5_{it} + \beta_6 CZX_{it} + \varepsilon_{it}$$
$$(4.7)$$

$$ROA_{it}/ROE_{it}/EPS_{it} = \beta_0 + \sum_m K_m ROA_{it-m}/ROE_{it-m}/ROE_{it-m} + \beta_1 ZZB_{it} +$$
$$\beta_2 ZZC_{it} + \beta_3 ZCFZ_{it} + \beta_4 HY_{it} + \beta_5 H5_{it} + \beta_6 CZX_{it} + \varepsilon_{it}$$
$$(4.8)$$

$$ROA_{it}/ROE_{it}/EPS_{it} = \beta_0 + \sum_m K_m ROA_{it-m}/ROE_{it-m}/ROE_{it-m} + \beta_1 ZJB_{it} + \beta_2 ZZC_{it} +$$
$$\beta_3 ZCFZ_{it} + \beta_4 HY_{it} + \beta_5 H5_{it} + \beta_6 CZX_{it} + \varepsilon_{it} \qquad (4.9)$$

模型 (4.7)、模型 (4.8)、模型 (4.9) 分别用于检验 Hb1、Hb2 和 Hb3。本书设定了以下模型。其中，$Y_{it}$ 表示公司绩效（ROA、ROE 和 EPS），$X_{it}$ 中分别代表实际控制人持股变动比例（ZRR），实际控制人增持比例（ZZB），实际控制人减持比例（ZJB）。$Z_{it}$ 表示控制变量，包括公司规模、资产负债率、股权集中度、企业成长性和行业。其中模型 (4.10) 以检验 Hb4，即检验公司绩效对实际控制人持股变动的反馈效应；模型 (4.11) 和模型 (4.12) 用以检验 Hb5，实际控制人持股变动与公司绩效间的动态跨期影响，其中 $m$、$n \geqslant 1$。

$$x_{it} = r_0 + \sum_n \lambda_n X_{it-n} + r_1 y_{it} + r_3 Z_{1it} + \varepsilon_{it} \qquad (4.10)$$

$$x_{it} = \beta_0 + \sum_m K_m x_{it-m} + \beta_1 y_{it-1} + \beta_3 Z_{1it} + \varepsilon_{it} \qquad (4.11)$$

$$y_{it} = \beta_0 + \sum_m K_m y_{it-m} + \beta_1 x_{it-1} + \beta_3 Z_{1it} + \varepsilon_{it} \qquad (4.12)$$

（3）数据来源。本书研究对象是创业板中实际控制人为自然人的上市公司，受 IPO 限售期、实际控制人类型及研究时间的影响，同时，为更清晰地观察实际控制人持股变动效果及其与公司绩效的动态跨期影响，选择了 2010 年 6 月 30 日前上市的公司，共计 90 家。剔除了不符合该条件的 4 家，共选取 86 家公司作为研究样本。会计期间的选取使用季度数据，即选取 2013 年第三季度至 2015 年第二季度数据。其中，实际控制人变动比例、增持比例、减持比例均根据 Wind 数据库提供的重要股东二级市场交易明细，手工搜集而成。其他相关指标的数据均来源于 Wind 数据库、上市公司各期季报、年报及深圳证券交易所网站。使用 Eviews 和 Excel 软件进行数据处理。

# 4.2 持股变动动因的研究假设与模型设计

根据第 2 章的文献梳理，从理论上总结出了关键股东增持、减持动因假说。

## 4.2.1 持股变动动因研究假设的提出

### 4.2.1.1 关键股东减持动因假设的提出

（1）企业价值。大股东对公司有着绝对的控制权，他们十分了解公司的经营状况，对公司目前的估值水平也有着较为准确的理解。因此，在公司股票被严重低估时，他们会增持股票份额，获得股票价格上涨所带来的利益。考虑到流动性套现以及未来增发新股募集运营资金的需要，他们会根据当前公司经营情况，采取一定的措施，使股票价格在二级市场维持在较高的水平。因此，出于稳定股价以及向二级市场上传递股票价值被低估的信息，公司的大股东通常不会采取减持股票这样的措施。张大勇（2011）认为，公司股票估值过高、成长性变差以及大股东持股占比过高，都是大股东选择减持的重要原因。公司的股票估值及其在行业中的估值水平会对公司大股东减持数量具有明显正向作用。当上市公司股票的托宾 Q 值明显高于其他公司时，大股东会采取一些极端的做法，比如大幅减持公司股票，甚至放弃公司的控制权（吴敏晓，2011）。尽管估值水平对减持的影响很明显，但也有人持不同的观点。柴亚军、王志刚（2012）研究了股权分置改革后 IPO 抑价与大股东减持的关系，发现股改后大股东持股比例越高，新股 IPO 溢价率越高。在上市后的第 13 个月股价会出现大幅下跌，究其原因是在 12 个月的限售期满之后，大股东会采取减持措施以及新股东的买入将价格拉高，造成较高的 IPO 溢价。朱茶芬等（2009）以 2008 年 2 月减持数据为样本，对公司大股东的减持原因进行分析，结果发现，上市公司的估值水平是国内大股东进行减持的主要因素之一。这种减持行为更多地发生在估值较高、业绩前景较差的公司里。公司估值和业绩前景对大股东减持有明显的影响。鲁桂华（2007）采用案例方法，指出减持行为对市场的影响大小主要取决于减持主体的动因。与流动性不足的减持相比，股票价格被高估时的减持，对市场影响更大。在一定程度上可以认为，投机是大小非减持的主要动因，也就是说估值水平的高低会影响大小非减持幅度。在市场估值水平较高的情况下，大小非会有强烈的减持套现意愿，所以，投资者不仅要关注大小非的解禁，也要对解禁股的估值水平进行评估，了解其在二级市场上所处的位置。在限售股解禁后，当某只股票的估值明显高于市场平均估值水平时，大小非基于投机性动因减持股份的可能性较大。相反，减持股份的可能性会较小。杨倩倩（2011）指出，上市公司的价值与大股东减持比例负相关。基于以上分析，本书提出以下假设：

Hc1：实际控制人与高管的减持比例和企业价值负相关。

（2）公司业绩。如果大股东预期公司有较好的发展未来，公司业绩会有大幅的增长，股票价格也会有较大的上升空间，大股东不愿意在二级市场减持公司股票。朱茶芬等（2009）以 2008 年前的减持数据为样本，对公司大股东的减持原因进行分析，结果发现，上市公司的业绩前景是大股东减持的重要因素之一。大股东能够获得私有收益的主要原因是因为他们可以在第一时间了解到公司的相关信息，能够比较准确地判断出公司的发展情况，进而调整其持股比例。基于以上分析，本书提出如下假设：

Hc2：上市公司的业绩越高，实际控制人与高管的减持比例越低。

（3）股票波动情况。徐萌娜（2011）认为，控制股东持股比例、β 系数与公司的大股东减持解禁限售股具有明显的正向作用。当公司的股票价格出现频繁波动时，可以理解为二级市场上的投资者对股票真实价值有着不同的判断。虽然股票价格的大幅变动，能为大股东在二级市场上减持套现提供一定的空间，有利于他们掌握公司更多筹码和控制权，但从二级市场上赚取差价方面考虑，增持者为了以较低的成本和价格拿到筹码，会选择在股票交易不活跃的时机介入；减持者通常会在成交活跃时退出。在限售股解禁前，发展前景较好的公司股票价格通常会出现较大幅度的波动，主要原因是这些公司会受到机构投资者及股东的青睐，二级市场上的投资者也会大量买入公司股票，使股价出现大幅上涨；反之，股票价格出现大幅下跌。张颖（2011）认为，公司控股股东往往会在股票价格上涨时抛售。二级市场上买卖双方竞争得越激烈，股价波动越大，这也说明投资者对于估值的预期存在较大的差异，投资该股票的风险也就越大。公司系统风险随着股价波动率增大而增大。资本市场的股价波动也是大股东采取减持措施的重要原因之一。因而，股票波动的风险越大，股东越倾向于减持。基于以上分析，本书提出如下假设：

Hc3：上市公司的股票波动越高，实际控制人与高管减持公司股票的比例越大。

（4）股权结构。曹国华、章丹锋、林川（2011），邱世明、张继东（2012）认为，在某一阶段，大股东减持股票会受到股东属性、股权集中度、股票价格收益等因素的影响。关于股权结构这里主要考虑股票集中度。股权集中度是衡量一个公司控制权的重要指标之一。当大股东持有股票的份额较高时，其他股东对其行为的约束力会下降。此时，大股东实施掏空行为的动因也越强烈，以侵占中小投资者的利益。此外，由于大股东能够便捷地获取公司发展信息，能够及时了解到企业的重要变化情况，他们就越有动因去利用自己的绝对控制权优势，借助重大消息的发布等手段，在二级市场上，先以较低价格买入。在消息公布之后，广大投资者争相买入时，他们伺机抛出股票，从而以较低的持股成本获得私有收益。通过第 3 章的分析可知，在创业板市场上，企业股权集中度是比较高的，股东间持股份额存在较大差异。基于以上分析，本书提出如下假设：

Hc4：实际控制人与高管的减持比例和公司股权集中度正相关。

（5）证券市场行情。限售股的解禁减持与市场环境、经济走势等有着密切关系。楼瑛、姚铮等（2008）的实证研究表明，大股东减持行为，不仅与公司的财务绩效紧密相关，与当前股票价格、市场的发展趋势密切相关。整个市场行情越好，投资者对市场越有信心，减持的意愿也会下降。自创业板开板以来，从股价变化趋势来看，市场行情严重影响着大股东与高管的减持。基于以上分析，本书提出如下假设：

Hc5：实际控制人与高管的减持比例和市场行情正相关。

（6）宏观经济。宏观经济是企业的经营环境，反映整个国民经济的运行状况，同时证券市场直接反映当前经济的发展水平状况。在一定程度上，可以认为证券市场代表宏观经济的走势，它是宏观经济的先行指标之一。宏观经济对投资收益有重要的影响。中信证券（2008）认为，在货币政策趋紧的条件下，大股东的持股愿望会降低。当出现连续加息时，随着货币利率升高，货币资产回报率会有所增加，大股东会减持股票。在紧缩政策的条件下，实体经济的融资成本会增加，大股东会选择大幅减持股票。由此可见，大股东的持股行为会受到宏观经济的影响。当宏观经济环境较好时，企业总体盈利水平会上升，投资者对股价走势也有着较好的预期，购买股票的积极性也会提高，大盘走势也会呈现上涨，此时，大股东减持的可能性较小。相反，当宏观经济处在低迷状态时，为避免遭受较大的损失，大股东往往会卖出持有的股票。基于以上分析，本书提出如下假设：

Hc6：实际控制人与高管的减持比例和宏观经济趋势负相关。

### 4.2.1.2 增持动因研究假设的提出

Ritter（1991）认为，在现代公司融资理论中，公司如何选择融资时机，已成为一个具有重要现实意义的内容。Stein 在 1996 年首次提出市场择时假说指出，企业当期资本结构既会受到前期融资决策的影响，也会受到市场时机的影响。当资本市场上存在非理性行为时，理性的管理者会根据市场总体走势进行合理决策。总的来说，当投资者看好公司发展前景时，理性的管理者会积极地增发新股。反之，公司股票价格被低估时，理性的管理者会采取股票回购措施。市场择时假说，明确当公司股价被低估时，哪些因素会对公司内部人的行为产生影响，较好地解释了大股东增持股票现象。通过上述分析可知，当股市处于低迷状态，掌握内部信息的大股东会在适当的时机购买股票，以便用较低的持股成本获取更多的控制权。Grullon 和 Michaely（2004）的价值低估假说指出，大股东是公司最大的投资者，他们直接参与公司营运活动，熟知公司经营状况和未来发展战略，如果理性的大股东认为公司市值被严重低估，或其内在价值出现严重的偏差时，他们会增加股票持有数量。反之，他们会减持股票。Mcnally（1999）指出，增持股份与股票回购的原理相似，在公司宣布大股东增持公告后，股票价格会随增持比例增加而增加，这有助于大股东赚取超额收益。Persons（1997）从信息不对称角度，建立了股份回购模型，结果显示，当公司高管及大股东以超出正常回购价格买入大量股票，是为了向市场传递公司价值被低估的信号。因此，当大股东认为公司的股票价格被市场低估时，他们更愿意增持公司股票，分享因公司股票价格上升所带来的资本利得。换言之，就目前公司的经营情况，大股东判断股票估价水平是较为合理的，但出于对未来的流动性套现及运营资金需求的考虑，大股东会尽可能地使股价处在一个较高水平。郎香香、李常青（2013）指出，增发是在高市价、高市场需求量时进行的。何瑛、李娇、黄洁（2014）指出，在股价低于真实价值时，上市公司通常以股份回购的方式来向外界投资者传递其价值被低估这一信息，引导投资者购买，进而促使股价回到真实水平。此外，由于股票价格大幅下跌，会造成公司财富的大幅缩水，也会对公司的声誉带来负面影响，不利于公司的后续融资。因此，熟知公司内部情况的大股东，会在二级市场上购买股票，拉升公司股票的价格，以赚取一定的收益。由股价低估假说可知，当股票价格被严重低估时，熟知公司情况的大股东越愿意购买股票，增加持有量（唐松、温德尔、赵良玉、刘玉，2014）。由此可见，出于稳定股价和传递股价被低估的消息，大股东通常会增持股票。基于以上分析，本书提出如下假设：

Hd1：实际控制人与高管的增持比例和公司价值正相关。

如上所述，由于看好公司的发展前景，大股东会不断增持公司股票，以待日后择机出售或者以转让等方式获取收益。这种增持行为带来的正向效应，提高了市场对公司的估值。Ruback 和 Mikkelson（1985）研究结果显示，大股东持股数量与股票的超额溢价存在着密切的关系。信号传递假说认为，公司的内部人员与外部投资者对公司的了解程度存在一定差异，二者信息量是不对称的。股票回购意味着公司未来的收益和盈利能力会上升，公司发展前景良好。现金流信号假说指出，在二级市场上大股东的投资行为存在一定的投机性，他们会根据内部信息，对公司未来的运营情况做出准确的预测，能够选择最佳时机进行股票回购，但这会损害中小投资者利益。Balclay（1989）认为，由于信息不对称，持股比例较高的大股东可以获得更全面的内部信息，与中小股东和其他利益主体相比，他们更准确地判断出公司股票的真实价值。他们的增持行为通常能够带来更多的私人收益。所以，当大股东发现有利可图时，他们会积极买入公司股票，增加股票持有量。与公司股票回购相比，大股东增持股票更能反映出公司发展前景，这在一定程度上增强了中小投资者的信心。大股东持续增加股票持有量可以推动公司业绩。因此，在公司经营情况较好、股票价格不断上涨的情况下，大股东会增加股票持有量，以便获得更多的控制权收益。于海云、王则斌（2010）认为，公司财务业绩与大股东的增持行为有着显著的正向关系。鉴于此，提出假设：

Hd2：实际控制人与高管的增持比例和公司业绩呈正相关关系。

在企业的发展过程中，大股东和高层管理者之间存在着利益冲突，即第一类委托代理问题。Berle 和 Means（1932）首次提出控制权概念，他们指出，当企业出现控制权与所有权分离时，企业绩效处于次优状态，无益于企业的长远发展。因此，股权集中度越低，公司经营表现越差。反之，公司经营状况较好。但事实上，很多公司的股权集中度都处在比较高的水平，而上市公司大股东增持股份进一步增大股权集中度。集中的股权结构会在一定程度上缓解由于股权分散所引发的搭便车行为（Grossman 和 Hart，1980；Burkart，2000），降低了代理成本，提升了公司价值（La Porta，2002），发挥了激励效应；但随着大股东控制权的提高，他们会利用控股优势，采用关联交易等手段占用资金，赚取一定的控制权私有收益，侵占中小股东的利益（Grossman 和 Hart，1988；Faccio 等，2001；Shleifer 和 Wolfenzon，2002）。股权结构变化所产生的影响包括激励效应和隧道效应，laessens（2000）认为，大股东控制既具有正向影响（激励效应），也有负向影响（隧道效应）。

在我国上市公司中，股权集中的现象较为普遍。大股东对公司的激励效应和隧道效应同时存在，但在多数上市公司中，隧道效应表现得较为突出。加强对上市公司控制是大股东增持股票的重要动因之一。在其他条件不变的情况下，随着控股水平的提高，大股东的决策权力与财富效应也会有所增加，所以他们会有更大的动力去增加公司价值。股权越集中，大股东控制权收益也会越多，掏空的边际成本也会越低。Roger Graham（2003），Isagawa（2000），Shleifer 和 Vishny（1997）指出，为了获得控制权私有收益，大股东有动机去影响上市公司的决策和运营。Dyck 和 Zingale（2004）认为，当股票解禁之后，大股东会权衡增持收益和控制权收益，以判断是否增持。总之，从经济利益方面看，为了获得更多的财富，大股东会增加持有量。从保护控制权方面来看，相比其他股东，持股比例是大股东的最大筹码，他们愿意在二级市场上增持股票。大股东持股比例越多，对公司的影响越大。因此，大股东为了增加自己的筹码，会大量增持股份，以保护自身在公司的控制地位。姜硕和刘旭（2008）指出，在我国的上市公司中，大股东与管理人员重叠的现象较为普遍，这说明我国上市公司的控制权配置存在一定问题。内部人控制使职业经理人拥有了更大的控制权，这也为职业经理人谋求控制权收益奠定了基础。当第一大股东平均持股比例超过50%，意味着他们拥有公司的重大决策权及选举董事的绝对优势，掌握着企业的命脉，控制公司的经营方向。李心丹等（2003）按照股权结构特征进行了分类研究，发现在法人股占比较大的样本中，并购后的绩效增长大于样本的平均水平；国有股占比较大的企业并购绩效明显低于其他两组。宋建波和王晓玲（2008）采用2003~2005年发生控制权转移的上市公司数据进行研究，研究结果表明，在控制权转移的两年内，公司绩效呈现倒 U 形。陈德萍、陈永圣（2011）认为，股权制衡度有助于改善中小企业板上市公司绩效。石水平（2010）指出，大股东利益侵占与控股股东的控制权二者具有正向关系。杨倩倩（2011）认为，股权制衡度越高，大股东增持比例越大。综上所述，大股东的增持会影响到控制权的转移，改变公司财务业绩。基于以上分析，本书提出如下假设：

Hd3：控制能力越强，实际控制人与高管的增持动因越强。

宏观经济反映整个国民经济的运行状态，证券市场是经济发展的晴雨表，代表宏观经济的走势，也是宏观经济先行指标之一。根据中信证券（2008）的研究结果可知，宏观环境会对大股东的持股行为产生一定的影响。当宏观经济环境向好时，经济发展比较景气，就业岗位增加，员工工资水平会上升，这会增加金融资产的需求，投资人数也会相应地增加，股市人气旺盛，加之，企业盈利水平上升，投资者对股价走势做出乐观判断，增加购买，提高股价，促使大盘指数不断拉升，此时，大股东增持的可能性较大。相反，当宏观经济环境低迷，投资者人数会减少，股市人气会衰弱，大股东也会卖出一定股票，避免遭受损失。

基于以上分析，本书提出如下假设：

假设 d4：实际控制人与高管的增持比例和宏观经济趋势正相关。

### 4.2.2  持股变动动因的研究模型设计

#### 4.2.2.1  减持动因的研究设计

（1）变量的定义及描述

1）估值水平。衡量股票价格估值合理与否的指标很多。在价值低估假说中，Grullon、Michaely，沈易峰（2013），汪伟（2013），康轶（2013）采用了公司市账比作为公司估值的替代指标。股价账面价值比率较高，意味着在较长的一段时间内，股价具有较大的上升空间；股价账面价值比率较低，预示着跑赢大市的可能性较低。大股东和高管会通过该指标判断是否回购股票。所以，选择市账比这一指标作为估值水平的替代变量。

2）公司绩效。企业盈利能力是股东持股的动因之一。一般情况下，公司的盈利水平越高，股东所获得的回报率就越高，企业具有的投资价值也越高。衡量公司绩效的指标有很多，通常用每股收益和净资产收益率这两个指标评价上市公司经营绩效。净资产收益率主要用来衡量每股可以享有的税后利润及股东权益的收益情况，它也是财务分析中的核心内容。在一定程度上，可以认为净资产收益率是投入产出的比值，可以用来衡量投资的效率。相比每股收益指标而言，净资产收益率能够更确切地反映出公司对于自有资本运用的效率。所以，本书选用该指标作为公司绩效替代变量（张大勇等，2011）。

3）股票波动情况。通常用股价波动率反映一定时间内股票价格上涨或下降的幅度。股票的涨跌幅度越大，意味着股票价格的波动越大，相反，股票价格的波动越小。股价波动率的高低，一定程度上代表市场对股票认识差异的大小。若在一段时间内，在股市相对平稳的情况下，个股股价出现了较大的波动，表明该股票的非系统风险较大。公司的非系统风险随着股价波动率增大而增大。鉴于以上分析，本书用公司的股票收益率的标准差表示（谢飞，2013）。

4）宏观经济方面。宏观经济反映国民经济及经济活动的运行状况，如总供给与总需求，物价、劳动就业的总水平、失业率，货币发行量及其增长速度等。常用国民生产总值作为其衡量指标，因本书均使用的是季度数据，因此选用GDP季度同比增长率，用该指标来反映宏观经济环境的整体情况，该指标越大，宏观经济层面越好。

5）证券市场行情。总股数平均日换手率是指日个股成交金额除以个股流通市值。其是判断股票流通性强弱的重要指标，也是衡量买卖双方意见分歧的主要指标之一。如果买卖双方的想法趋于一致时，会降低换手率，但由于成交量减少，股价会在短时期内小幅下跌；反之，换手率会增大。一般情况下，股票换手率越高，投机性越强，相应的风险也会增大。本书选择用换手率这一指标作为市场行情的替代变量（邓康桥，2013）。

6）股权结构。对于股权情况，这里主要考虑股权集中度问题。在对股权集中度考察时，一般用第一大股东持股比例、前三大股东持股比例之和及前五大股东持股比例之和作为替代变量。本书用前五大股东持有股比例之和来表示。

7）企业规模。相比小规模企业来说，大规模企业的组织结构较为复杂，经营业务呈现多元化。若其他条件不变，资本市场的价值量会随着企业规模的增大而增大，本书选用企业总股本的自然对数表示，将其作为控制变量。

8）行业。本书用公司所属的行业作为控制变量。上市公司的行业性质会对关键股东的持股行为产生影响，因不同行业面临着不同的竞争环境、发展背景，并且每个行业的市场成熟度和发展前景也存在较大的差异。因此，不同行业的股东往往会选择不同的投资策略，这将会在其持股比例上有所体现。

表 4 - 3　变量定义

| 变量名称 | 变量符号 | 变量定义及计算公式 |
| --- | --- | --- |
| 实际控制人减持比例 | ZJB | 同一家上市公司的实际控制人及高管在本季度内减持比例之和 |
| 高管减持比例 | GJB | |
| 市账比 | BM | 衡量股票市值偏离公司实际价值程度的指标，参照前人的做法选择市场账面价值比表示。市账比越小，则认为股价被低估的程度越大 |
| 净资产收益率 | ROE | 采用增持前一季度净利润与净资产的比率表示 |
| GDP 同比增长率 | GDP | （本季度 GDP − 去年同期 GDP）／去年同期 GDP |
| 股权集中度 | P5 | 以前五大股东持股比例之和表示 |
| 收益变动率 | BDL | 公司的股票收益率的标准差 |
| 总股数平均换手率 | HSL | 成交量／流通总股数 × 100% |
| 公司规模 | ZZC | 公司总股本的自然对数 |
| Wind 行业 | HY | 依据 Wind 行业分类标准 |

（2）模型设定。本书建立了减持动因模型：

$$ZJB_{it} = \beta_0 + \sum_m K_m ZJB_{it-m} + \beta_1 BM_{it} + \beta_2 ROE_{it} + \beta_3 GDP_{it} + \beta_4 P5_{it} + \beta_5 HSL_{it} +$$

$$\beta_6 BDL_{it} + \beta_7 ZZC + \beta_8 HY + \varepsilon_{it} \tag{4.13}$$

$$GJB_{it} = \beta_0 + \sum_m K_m GJB_{it-m} + \beta_1 BM_{it} + \beta_2 ROE_{it} + \beta_3 GDP_{it} + \beta_4 P5_{it} + \beta_5 HSL_{it} +$$

$$\beta_6 BDL_{it} + \beta_7 ZZC + \beta_8 HY + \varepsilon_{it} \tag{4.14}$$

（3）数据来源。本节主要考察的是实际控制人和高管减持行为的动因。为对比分析实际控制人和高管持股变动动因，此处继续使用实际控制人变动效果分析的数据，在此基础上增加了高管增持比例、减持比例等指标。会计期间的选取，本节继续使用季度数据。研究数据来源于 Wind 数据库，上市公司各期季报、年报及深圳证券交易所网站。其中，在 Wind 数据库提供的重要股东二级市场交易明细，手工搜集数据时删掉了关键股东增持及个人投资者买卖数据。

4.2.2.2　增持动因的研究设计

（1）变量的选取及描述。基于以上分析，为进一步系统地解释关键股东增持的动因，本文选取实际控制人（ZZB）和高管（GZB）增持的比例作为被解释变量，并定义了以下变量：市账比（MB）、公司规模（ZZC）、股权集中度（P5）、控股能力（ZHD）、GDP 同比增长率（GDP）、净资产收益率（ROE）、资产负债率（ZCFZ）、流通股占比（LTG）等变量。其中，各个变量的选取与定义如表 4 –4 所示：

表 4 –4　变量定义

| 变量名称 | 变量符号 | 变量定义及计算公式 |
| --- | --- | --- |
| 实际控制人增持比例 | ZZB | 同一家上市公司的实际控制人及高管在本季度内增持比例之和 |
| 高管增持比例 | GZB | |
| 市账比 | BM | 衡量股票市值偏离公司实际价值程度的指标，参照前人的做法选择市场账面价值比表示。市账比越小，则认为股价被低估的程度越大 |
| 净资产收益率 | ROE | 采用增持前一季度净利润与净资产的比率表示 |
| 控制能力 | ZHD | 公司第一大股东持股量与第 2 至第 5 大股东持股量之和的比值来表示 |
| GDP 同比增长率 | GDP | （本季度 GDP – 去年同期 GDP）/去年同期 GDP |
| 股权集中度 | P5 | 以前五大股东持股比例之和表示 |
| 流通股占比 | LTG | 流通股数/总股本数 |
| 公司规模 | ZZC | 以公司总股本的自然对数表示 |
| 资产负债率 | ZCFZ | 以前一季度末的资产负债率来表示 |

（2）模型设定。本书建立了增持动因模型：

$$ZZB_{it} = \beta_0 + \sum_m K_m ZZB_{it-m} + \beta_1 BM_{it} + \beta_2 ROE_{it} + \beta_3 ZHD + \beta_4 GDP_{it} + \beta_5 P5_{it} +$$
$$\beta_6 LTG_{it} + \beta_7 ZZC + \beta_8 ZCFZ + \varepsilon_{it} \tag{4.15}$$

$$GZB_{it} = \beta_0 + \sum_m K_m GZB_{it-m} + \beta_1 BM_{it} + \beta_2 ROE_{it} + \beta_3 ZHD + \beta_4 GDP_{it} + \beta_5 P5_{it} +$$
$$\beta_6 LTG_{it} + \beta_7 ZZC + \beta_8 ZCFZ + \varepsilon_{it} \tag{4.16}$$

（3）数据来源。关键股东增持动因分析继续沿用关键股东减持动因分析的样本。在此基础上增加了高管和实际控制人增持比例、市账比等指标。会计期间的选取，本节继续使用季度数据。研究数据来源于 Wind 数据库，上市公司各期季报、年报及深圳证券交易所网站。其中，在 Wind 数据库提供的重要股东二级市场交易明细，手工搜集数据时删掉了关键股东减持及个人投资者买卖数据。

# 4.3　本章小结

本章围绕关键股东持股变动的效果和动因展开研究设计和构建模型。首先，对关键股东持股变动的效果进行了研究设计，并就变量的选取及计算方法、模型构建以及数据来源进行逐一说明；其次，对关键股东持股变动的动因进行研究设计，构建计量模型，为下一章的实证提供理论指导。

# 第❺章
# 关键股东持股变动
# 效果及动因分析

基于第 3 章研究对象与研究方法选择分析和第 4 章研究假设与模型设计分析，本章采用动态面板数据，使用 GMM 方法对相关数据进行处理，实证分析创业板企业关键股东持股变动的经济效果及动因。

## 5.1 持股变动效果实证结果分析

### 5.1.1 高管持股变动效果实证结果分析

#### 5.1.1.1 描述性统计分析

从表 5 - 1 可以看出，高管持股比例变动的均值为 0.368%，最大值为 23.548%，这说明各公司的高管持股比例均有着不同程度的变动，高管增持比例均值为 0.03，但减持比例均值为 0.4，由此可见，高管减持现象较为突出。公司绩效指标 ROA、ROE 及 EPS 均有正负，且最大值与最小值差距较大，尤其是 ROE 正负差异最大，高达 185.8%，一定程度上反映创业板上市公司获利能力存在较大差异。

#### 5.1.1.2 相关系数分析

从表 5 - 2 相关系数统计表可以看出，除了 ROA、ROE 和 EPS 相关系数较大，呈现相关性外，其他指标的相关系数均较小，可以认为各指标不存在相关性。

表 5 - 1　各变量描述性统计

| 指标 | BD | GZB | GJB | ZZC | ZCFZ | HY | H5 | CZX | BDL | ROA | ROE | EPS |
|------|------|------|--------|-------|-------|-------|-------|--------|------|--------|---------|-------|
| 均值 | 0.37 | 0.03 | - 0.40 | 11.80 | 22.19 | 1.13 | 56.95 | 17.92 | 2.74 | 3.74 | 4.22 | 0.18 |
| 最大值 | 23.55 | 10.34 | - 23.55 | 14.49 | 90.43 | 11.00 | 89.10 | 548.71 | 9.04 | 31.76 | 43.64 | 1.54 |
| 最小值 | 0.00 | 0.00 | 0.00 | 10.34 | 0.40 | 0.00 | 13.38 | - 62.70 | 0.00 | - 35.57 | - 142.23 | - 2.56 |
| 标准差 | 1.23 | 0.32 | - 1.32 | 0.59 | 15.59 | 2.61 | 12.42 | 50.79 | 0.78 | 4.00 | 5.41 | 0.21 |

表 5 - 2　相关系数

| 指标 | BD | GZB | GJB | ZZC | ZCFZ | HY | H5 | CZX | BDL | ROA | ROE | EPS |
|------|-------|-------|-------|-------|-------|-------|-------|-------|-------|-------|-------|-------|
| BD | 1.00 | 0.17 | 0.96 | 0.03 | 0.07 | 0.01 | - 0.13 | - 0.05 | 0.04 | - 0.03 | - 0.03 | - 0.07 |
| GZB | 0.17 | 1.00 | 0.40 | 0.02 | 0.01 | - 0.02 | - 0.03 | - 0.02 | 0.01 | 0.00 | 0.00 | - 0.02 |
| GJB | 0.96 | 0.40 | 1.00 | 0.03 | 0.06 | 0.01 | - 0.13 | - 0.05 | 0.04 | - 0.03 | - 0.02 | - 0.07 |
| ZZC | 0.03 | 0.02 | 0.03 | 1.00 | 0.46 | 0.22 | - 0.14 | 0.02 | 0.00 | 0.11 | 0.11 | 0.15 |
| ZCFZ | 0.07 | 0.01 | 0.06 | 0.46 | 1.00 | 0.10 | - 0.17 | - 0.03 | 0.05 | - 0.07 | - 0.07 | - 0.15 |
| HY | 0.01 | - 0.02 | 0.01 | 0.22 | 0.10 | 1.00 | 0.02 | 0.02 | - 0.04 | - 0.04 | - 0.04 | 0.04 |
| H5 | - 0.13 | - 0.03 | - 0.13 | - 0.14 | - 0.17 | 0.02 | 1.00 | 0.12 | - 0.09 | 0.12 | 0.12 | 0.17 |
| CZX | - 0.05 | - 0.02 | - 0.05 | 0.02 | - 0.03 | 0.02 | 0.12 | 1.00 | - 0.10 | 0.31 | 0.29 | 0.33 |
| BDL | 0.04 | 0.01 | 0.04 | 0.00 | 0.05 | - 0.04 | - 0.09 | - 0.10 | 1.00 | - 0.12 | - 0.07 | - 0.15 |
| ROA | - 0.03 | 0.00 | - 0.03 | 0.11 | - 0.07 | - 0.04 | 0.12 | 0.31 | - 0.12 | 1.00 | 0.88 | 0.80 |
| ROE | - 0.03 | 0.00 | - 0.02 | 0.11 | - 0.07 | - 0.04 | 0.12 | 0.29 | - 0.07 | 0.88 | 1.00 | 0.77 |
| EPS | - 0.07 | - 0.02 | - 0.07 | 0.15 | - 0.15 | 0.04 | 0.17 | 0.33 | - 0.15 | 0.80 | 0.77 | 1.00 |

#### 5.1.1.3　实证结果分析

为考察当期高管持股变动与当期公司绩效关系，即公司高管股票增持或减持对绩效的影响。本书借鉴了 Hu Izumida（2008）和 Wintoki（2010）的做法，他们认为在滞后效应模型中，被解释变量的滞后期过长，会产生样本量减少及自由度损失等问题；被解释变量的滞后期过短，可能带来样本选择性的偏差。一般情况下选被解释变量滞后两期数据进行处理，即滞后两期足以捕获过去因变量对当期有关变量的影响。因此，在本书所使用的模型中，对被解释变量都进行了滞后两期的处理。模型（4.1）是研究当期高管持股变动比例及变动方向与当期绩效之间的关系，回归结果如表 5 - 3 所示。在表 5 - 3 中，当期高管持股变动对当期

ROA、ROE 和 EPS 产生了显著影响，在1%的水平上显著负相关，即持股变动会降低公司的绩效，从表5-1中也可以看出，高管增持比例均值的绝对值要小于减持比例均值的绝对值。即在所使用的研究样本中，由于高管减持数量大于高管增持数量，因此，出现了持股变动对公司绩效负向影响的现象。

表 5-3 当期高管持股变动比例与当期绩效的关系

| 指标 | ROA | ROE | EPS |
| --- | --- | --- | --- |
| BD | -0.431 *** | -0.356 *** | -0.022 *** |
| | -10.15 | -10.553 | -8.682 |
| ZZC | -0.016 *** | -0.016 *** | -0.073 *** |
| | -6.988 | -10.932 | -18.885 |
| ZCFZ | 0.055 *** | 0.181 *** | 0.009 *** |
| | 11.612 | 9.572 | 11.783 |
| HY | -0.132 | -18.324 | -0.193 |
| | -0.01 | -1.271 | -0.257 |
| H5 | 0.163 *** | 0.066 *** | -0.002 ** |
| | 9.663 | 3.895 | -2.115 |
| CZX | 0.089 *** | 0.112 *** | 0.004 *** |
| | 5.026 | 5.749 | 7.715 |
| ROA (-1) | -0.019 ** | -0.073 *** | -0.013 *** |
| | -16.716 | -7.145 | -9.284 |
| ROA (-2) | -0.011 *** | -0.333 *** | -0.023 *** |
| | -17.911 | -8.285 | -8.867 |
| N | 3162 | 3162 | 3162 |
| AR (1) (P 值) | 0.000 | 0.001 | 0.001 |
| AR (2) (P 值) | 0.213 | 0.387 | 0.361 |
| Sargan Test (P 值) | 0.115 | 0.116 | 0.169 |

注：AR（1）是一阶序列相关性检验，AR（2）是二阶序列相关性检验。如果 AR（1）统计结果是显著的，意味着一阶差分序列相关，存在内生性问题。AR（2）统计结果是不显著的，意味着二阶差分序列不相关，即该估计方法可以有效地克服内生性的问题。Sargan Test 工具变量有效性检验，如果该检验值是不显著的，意味着在估计过程中，所选择的工具变量没有过度识别的问题。这里的 ** 、*** 分别代表在 5%、1% 水平上显著。

高管持股变动方向主要是指公司高管的增持股份或减持股份。在高管持股变动对公司绩效的检验结果中，如表 5 - 4 所示。变动方向对公司绩效具有显著的影响，并且出现了负向相关的关系，产生这种现象的原因是，由于研究样本中高管减持占比较大。同时，表 5 - 5 列出了高管持股不同变动情况下公司绩效的均值，可以看出，当公司高管出现增持股份时，ROA、ROE 和 EPS 这三个绩效指标的均值是较高的；当公司高管出现净减持股份时，ROA、ROE 和 EPS 这三个绩效指标的均值是较低的。不论公司高管采取减持股份措施，还是选择增持股份，他们都希望能够在增持和减持的过程中得到资本利得，赚取收益。因此，他们有动机去操纵盈余，对公司股票价格施加影响，进而影响到公司的业绩。通过以上分析，Ha1、Ha2 得到了验证。

表 5 - 4　高管持股变动方向对公司绩效的影响

| 指标 | ROA | ROE | EPS |
|---|---|---|---|
| FX | - 0. 201 ** | - 0. 738 *** | - 0. 022 *** |
|  | - 3. 044 | - 11. 468 | - 9. 413 |
| ZZC | - 5. 270 *** | 2. 775 *** | - 0. 390 *** |
|  | - 3. 078 | 7. 979 | - 5. 332 |
| ZCFZ | 0. 244 *** | 0. 008 | 0. 005 *** |
|  | 12. 8 | 0. 007 | 8. 742 |
| HY | - 9. 16 | - 4. 762 | 0. 466 |
|  | - 0. 69 | - 0. 739 | 0. 453 |
| H5 | 0. 112 *** | 0. 143 *** | - 0. 002 *** |
|  | 5. 905 | 10. 557 | - 3. 089 |
| CZX | 0. 093 *** | 0. 106 *** | 0. 004 *** |
|  | 3. 247 | 8. 197 | 3. 951 |
| ROA （ - 1） | - 0. 231 *** |  |  |
|  | - 4. 479 |  |  |
| ROA （ - 2） | - 0. 323 *** |  |  |
|  | - 5. 009 |  |  |

| 指标 | ROA | ROE | EPS |
|---|---|---|---|
| ROE（-1） | | -0.255***<br>-9.985 | |
| ROE（-2） | | -0.343***<br>-10.132 | |
| EPS（-1） | | | -0.155***<br>-8.856 |
| EPS（-2） | | | -0.273***<br>-9.886 |
| N | 3162 | 3162 | 3162 |
| AR（1）（P值） | 0.000 | 0.001 | 0.001 |
| AR（2）（P值） | 0.156 | 0.190 | 0.209 |
| Sargon Test（P值） | 0.068 | 0.104 | 0.193 |

注：**、***分别表示在5%、1%水平上显著。

表5-5　高管持股不同变动方向下的绩效均值

| 方向<br>指标 | 不变 | 增持 | 减持 |
|---|---|---|---|
| ROA | 3.686 | 3.925 | 3.598 |
| ROE | 5.214 | 4.436 | 5.201 |
| EPS | 0.171 | 0.190 | 0.164 |

高管增持股份比例和减持股份比例对公司绩效的影响结果，如表5-6所示，高管增持比例对公司绩效具有显著的正向影响，高管减持比例对公司绩效具有显著的负向影响。实证结果进一步证实了创业板上市公司高管持股变动同样具有一定的信息传递效应，即高管增加持股份额会向市场传递出积极的信号，对提升公司的业绩是有帮助的（Morck、Nakamur和Shivdasani，2000；姚燕，2006；习艳平，2012）。通过第2章对信息不对称理论和信号传递假说的分析可知，由于上市公司高管直接负责企业的日常工作，对公司的内部信息了如指掌，是具有信息优势地位的一方，而外部市场上的投资者在短期内难以获取企业的相关信息，是信息劣势方，因此，二者在获取公司信息量方面具有不对称性。正是由于信息不

对称，导致了二级市场上股票价格和企业真实价值出现了偏差，即股票价格没有真实地反映出企业价值。上市公司的高管却可以通过所掌控的信息，对公司价值及发展前景做出准确的判断，因此，他们的持股变动可以被看作向二级市场投资者传递的一种信号，通过这种方式降低信息不对的影响。如高管增持公司股份主要是向二级市场上的投资者传递一种积极信号，即公司有比较好的发展前景及当前的股票价格被市场低估等信号。此外高管通过增持公司股份，也可以使企业股票价格处在一个较为合理的区间内。与此同时，当二级市场的投资者接收到这些信号后，他们会做出一个新的判断，重新调整投资决策。一般情况下，外部投资者会采取相同的措施，这种做法在一定程度上会拉高股票价格，促使公司短期市场绩效的提升。反之，高管减持公司股份，会使得公司短期市场绩效下降，Ha3和 Ha4 得到了验证。

表 5 - 6 当期高管增持、减持比例与当期公司绩效的关系

| 指标 | ROA | ROE | EPS | ROA | ROE | EPS |
|---|---|---|---|---|---|---|
| GZB | 1.788 *** | 2.416 *** | 0.059 *** | | | |
| | 4.539 | 6.371 | 3.878 | | | |
| GJB | | | | − 0.116 * | − 0.286 *** | − 0.015 *** |
| | | | | − 1.892 | − 8.730 | − 7.071 |
| ZZC | − 3.954 *** | − 2.583 *** | − 0.329 *** | − 5.144 *** | − 5.200 *** | − 0.458 *** |
| | − 9.540 | − 5.465 | − 16.207 | − 13.361 | − 10.341 | − 19.638 |
| ZCFZ | 0.236 *** | 0.133 *** | 0.006 *** | 0.244 *** | 0.171 *** | 0.009 *** |
| | 12.342 | 7.268 | 9.651 | 13.111 | 9.084 | 12.336 |
| HY | − 9.790 | 1.195 | 0.275 | − 10.341 | − 18.050 | − 0.099 |
| | − 0.676 | 0.181 | 0.589 | − 0.701 | − 1.292 | − 0.137 |
| H5 | 0.180 *** | 0.120 *** | 0.004 *** | 0.125 *** | 0.066 *** | − 0.001 * |
| | 8.387 | 6.962 | 5.092 | 5.996 | 3.739 | − 1.729 |
| CZX | 0.091 *** | 0.110 *** | 0.004 *** | 0.092 *** | 0.112 *** | 0.004 *** |
| | 12.969 | 15.590 | 8.574 | 12.874 | 5.699 | 9.180 |
| ROA (−1) | − 0.237 *** | | | − 0.226 *** | | |
| | − 4.044 | | | − 4.064 | | |

续表

| 指标 | ROA | ROE | EPS | ROA | ROE | EPS |
|---|---|---|---|---|---|---|
| ROA（-2） | -0.337***<br>-5.304 | | | -0.320***<br>-4.052 | | |
| ROE（-1） | | -0.279***<br>-7.020 | | | -0.273***<br>-7.381 | |
| ROE（-2） | | -0.347***<br>-8.403 | | | -0.333***<br>-8.803 | |
| EPS（-1） | | | -0.153***<br>-6.384 | | | -0.133***<br>-4.071 |
| EPS（-2） | | | -0.283***<br>-7.011 | | | -0.255***<br>-7.068 |
| N | 3162 | 3162 | 3162 | 3162 | 3162 | 3162 |
| AR（1）（P值） | 0.000 | 0.011 | 0.000 | 0.000 | 0.005 | 0.000 |
| AR（2）（P值） | 0.378 | 0.243 | 0.242 | 0.334 | 0.224 | 0.159 |
| Sargan Test（P值） | 0.212 | 0.166 | 0.181 | 0.303 | 0.354 | 0.121 |

注：＊、＊＊＊分别表示在10%、1%水平上显著。

为进一步研究公司高管持股变动的效果，本书根据 Dickinson（2006）的观点，认为在不同生命周期阶段，企业的现金流特征是不同的，即不同阶段企业的投资现金流、融资现金流和营业现金流会呈现出不同的特征。本书依据他所提出的划分标准，将企业划分为成长、增长、成熟和衰退四个阶段，分别研究处在不同生命周期阶段企业高管增减持后的经济效果。高管持股变动效果的研究样本共计186家，其中，处于成长期的共计51家，处于增长期的共计75家，处于成熟期的共计47家，处于衰退期的共计13家。受 GMM 使用条件的限制及衰退期样本量过少，本书未对成熟期和衰退期的企业进行分析。表5－8列出了成长期高管持股变动效果的回归结果，从中可以看出，公司高管增持对公司绩效在10%的水平显著正影响，减持对公司绩效存在着显著的负向关系。这个与表5－6结论相同。说明在企业的成长阶段，高管的增持、减持股份同样具有一定的信号传递效应，进而对公司绩效产生一定影响。

表 5-7 成长期高管持股变动的效果分析

| 指标 | ROA | ROE | EPS | ROA | ROE | EPS |
|---|---|---|---|---|---|---|
| GZB | 0.474* | 0.021* | 0.170* | | | |
| | 1.698 | 1.726 | 1.763 | | | |
| GJB | | | | -2.076* | -1.395** | -0.076** |
| | | | | -1.857 | -2.073 | -2.481 |
| ZZC | -16.304** | -16.787** | 0.433 | -10.278 | -12.834 | 0.529 |
| | -2.784 | -2.088 | 1.618 | -1.03 | -1.209 | 1.374 |
| ZCFZ | 0.700** | 0.571 | 0.023** | 0.702 | 0.636* | 0.029** |
| | 2.085 | 1.358 | 2.768 | 1.536 | 1.763 | 1.934 |
| CZX | 0.217*** | 0.221*** | 0.005** | 0.260*** | 0.218** | 0.006** |
| | 4.385 | 3.504 | 2.816 | 4.041 | 3.136 | 2.543 |
| H5 | 0.833** | 1.184** | -0.034** | 1.398** | 1.513*** | -0.005 |
| | 2.32 | 2.786 | -3.229 | 2.773 | 3.54 | -0.281 |
| BDL | 2.366** | 3.443 | -0.075** | 3.558** | 4.191* | -0.097 |
| | 2.068 | 1.637 | -2.036 | 2.336 | 1.76 | -1.117 |
| ROA（-1） | -0.213 | | | -0.222* | | |
| | -3.07 | | | -1.899 | | |
| ROA（-2） | -0.29 | | | -0.346* | | |
| | -2.473 | | | -1.746 | | |
| ROE（-1） | | -0.177* | | | -0.209* | |
| | | -1.94 | | | -1.741 | |
| ROE（-2） | | -0.251** | | | -0.321** | |
| | | -2.127 | | | -2.327 | |
| EPS（-1） | | | -0.392*** | | | -0.408*** |
| | | | -5.668 | | | -4.829 |
| EPS（-2） | | | -0.508*** | | | -0.496*** |
| | | | -8.119 | | | -4.989 |
| N | 867 | 867 | 867 | 867 | 867 | 867 |
| AR（1）（P值） | 0.001 | 0.001 | 0.001 | 0.002 | 0.008 | 0.006 |
| AR（2）（P值） | 0.226 | 0.277 | 0.277 | 0.365 | 0.515 | 0.367 |
| Sargan Test（P值） | 0.359 | 0.297 | 0.201 | 0.544 | 0.422 | 0.136 |

注：*、**、***分别表示在10%、5%、1%水平上显著。

表5-8列出了增长期高管变动的回归结果，研究结果显示，高管增持对公司绩效有正向影响，高管增持对公司绩效有负向影响。即企业处在增长期时，高管的增持和减持仍会向市场传递出一定的信号，影响二级市场投资者行为。结论与成长期相同，即不管企业处于哪个阶段，高管持股变动的特征是相同的。在不同阶段，高管持股变动向市场传递出的信号效应是不变的。高管的增持可以看成对未来公司经营情况与行业走势的信心，因此，可以得出高管持股变动主要受财务绩效的影响，即随着公司绩效的好坏，高管会及时调整其持股数量。

表5-8 增长期高管持股变动的效果分析指标

| 指标 | ROA | ROE | EPS | ROA | ROE | EPS |
|---|---|---|---|---|---|---|
| GZB | 1.034 *** | 1.561 *** | 0.293 ** | | | |
| | 8.431 | 6.866 | 1.994 | | | |
| GJB | | | | -0.096 *** | -0.178 *** | -0.185 ** |
| | | | | -5.059 | -3.326 | -3.309 |
| ZZC | -7.319 *** | -5.692 *** | -1.129 *** | -7.887 *** | -6.348 *** | -0.094 |
| | -16.839 | -13.203 | -4.618 | -16.015 | -13.335 | -0.122 |
| ZCFZ | 0.092 *** | -0.018 | 0.020 ** | 0.075 *** | -0.032 ** | 0.014 |
| | 11.005 | -1.580 | 2.381 | 8.228 | -2.444 | 0.854 |
| CZX | 0.052 *** | 0.052 *** | 0.002 *** | 0.051 *** | 0.054 *** | 0.003 *** |
| | 15.331 | 14.616 | 4.717 | 16.921 | 14.432 | 3.753 |
| H5 | -0.013 | -0.100 *** | -0.002 | -0.010 | -0.073 *** | 0.050 ** |
| | -1.424 | -16.777 | -0.319 | -1.089 | -11.460 | 2.046 |
| BDL | 0.111 ** | 0.313 *** | -0.116 ** | 0.204 *** | 0.384 *** | -0.320 *** |
| | 2.193 | 6.282 | -3.439 | 4.694 | 7.492 | -3.570 |
| ROA (-1) | -0.190 *** | | | -0.173 *** | | |
| | -47.781 | | | -45.821 | | |
| ROA (-2) | -0.306 *** | | | -0.312 *** | | |
| | -5.311 | | | -5.339 | | |
| ROE (-1) | | -0.118 *** | | | -0.104 | |
| | | -5.215 | | | -3.452 | |
| ROE (-2) | | -0.221 *** | | | -0.221 | |
| | | -4.848 | | | -9.021 | |

续表

| 指标 | ROA | ROE | EPS | ROA | ROE | EPS |
|------|-----|-----|-----|-----|-----|-----|
| EPS（-1） | | | -0.449 *** | | | -0.675 *** |
| | | | -10.520 | | | -5.065 |
| EPS（-2） | | | -0.281 *** | | | -0.303 *** |
| | | | -7.373 | | | -4.033 |
| N | 1275 | 1275 | 1275 | 1275 | 1275 | 1275 |
| AR（1）（P值） | 0.000 | 0.002 | 0.001 | 0.000 | 0.005 | 0.001 |
| AR（2）（P值） | 0.177 | 0.522 | 0.192 | 0.108 | 0.318 | 0.685 |
| Sargan Test（P值） | 0.100 | 0.188 | 0.250 | 0.102 | 0.140 | 0.347 |

注：**、***分别表示在5%、1%水平上显著。

李汉军、张俊喜（2006）指出，在已有的研究中，主要关注的是治理机制对公司绩效的影响，而忽略了公司绩效对治理机制产生的反馈效应，只有深入探讨二者内生性问题，才能够得到更为可靠、有效的结果。为此，根据模型（4.4），在表5-9中，列出了当期绩效对当期高管持股变动比例的反馈效应结果，在GMM回归中，当期公司绩效与高管增持比例呈现正向影响，当期公司绩效与高管减持比例具有负向影响，在考虑内生性问题的影响下，公司绩效与高管持股比例是相互作用、相互影响的。持股比例的增加对管理层会产生一定的激励作用，激发他们的工作热情，投入更多的时间、精力谋求发展，进而提高企业的业绩。同时，高管会根据业绩的好坏调整持股比例。当公司业绩好，发展前景好时，高管是不愿意减持的。该结论与 Demsetz 和 Villalonga（2001）、宋增基和张宗益（2003）、黄之骏（2006）、Bekiris 和 Drakos（2010）的实证结果相一致。但有别于 Cheung 和 Wei（2006）、Omran 和 Fatheldin（2008）。

表5-9　当期绩效对当期高管持股变动的反馈效应

| 指标 | GZB | | GJB | |
|------|-----|-----|-----|-----|
| ROA | 0.004 ** | | -0.014 *** | |
| | 3.106 | | -10.81 | |
| ROE | | 0.004 *** | | -0.022 *** |
| | | 5.352 | | -4.804 |

续表

| 指标 | GZB | | | GJB | | |
|---|---|---|---|---|---|---|
| EPS | | | 0.462 *** | | | − 1.257 *** |
| | | | 5.722 | | | − 3.59 |
| ZZC | 0.157 *** | 0.107 *** | 0.039 *** | 1.800 *** | 1.576 *** | 2.340 *** |
| | 4.342 | 44.798 | 16.365 | 4.827 | 8.498 | 6.405 |
| ZCFZ | − 0.005 *** | − 0.005 *** | − 0.003 *** | − 0.063 *** | − 0.062 *** | − 0.071 *** |
| | − 5.861 | − 8.629 | − 6.597 | − 6.686 | − 8.642 | − 4.37 |
| HY | − 0.167 ** | − 0.505 *** | − 14.090 *** | − 0.951 *** | − 0.934 *** | − 0.466 *** |
| | − 2.999 | − 3.381 | − 4.234 | − 5.883 | − 6.031 | − 7.091 |
| H5 | − 0.022 *** | − 0.022 *** | − 0.023 *** | − 0.318 *** | − 0.318 *** | − 0.317 *** |
| | − 6.25 | − 3.513 | − 3.616 | − 3.567 | − 4.458 | − 6.149 |
| CZX | − 0.001 *** | − 0.001 *** | − 0.001 *** | − 0.009 *** | − 0.008 *** | − 0.009 *** |
| | − 8.904 | − 8.457 | − 6.228 | − 6.512 | − 7.143 | − 7.447 |
| BDL | 0.078 *** | 0.079 *** | 0.080 *** | 0.540 *** | 0.542 *** | 0.538 *** |
| | 4.937 | 4.508 | 3.923 | 4.810 | 7.755 | 4.112 |
| GZB（− 1） | − 0.072 *** | − 0.072 *** | − 0.077 *** | | | |
| | − 6.987 | − 7.23 | − 6.207 | | | |
| GZB（− 1） | − 0.112 *** | − 0.112 *** | − 0.113 *** | | | |
| | − 9.017 | − 8.841 | − 5.675 | | | |
| GJB（− 1） | | | | − 0.239 *** | − 0.239 *** | − 0.239 *** |
| | | | | − 5.735 | − 5.126 | − 7.652 |
| GJB（− 2） | | | | − 0.210 *** | − 0.209 *** | − 0.211 *** |
| | | | | − 7.004 | − 9.543 | − 8.398 |
| N | 3162 | 3162 | 3162 | 3162 | 3162 | 3162 |
| AR（1）（P 值） | 0.002 | 0.000 | 0.002 | 0.007 | 0.001 | 0.000 |
| AR（2）（P 值） | 0.463 | 0.480 | 0.547 | 0.812 | 0.728 | 0.754 |
| Sargan Test（P 值） | 0.149 | 0.170 | 0.271 | 0.406 | 0.386 | 0.420 |

注：** 、*** 分别表示在 5%、1% 水平上显著。

高管增持、减持频次对公司绩效的检验结果如表 5 - 10 所示，高管增持次数对公司绩效有显著的正向影响，高管减持次数对公司绩效有显著的负向影响，Ha5 和 Ha6 得到了验证。如果高管增持是一次偶然性行为，其目的很可能是为了稳定短期股票价格，保护自身利益；但是如果高管持续多次增持，很可能是为了使公司绩效持续增长，为日后的减持套现做准备（陈立泰，2013）。随着高管减持次数的增加，其向市场传递的信号越强烈，二级市场上的投资者也会纷纷效仿，致使股票价格下降，影响企业估值，导致企业经营业绩下滑。

表 5 – 10　高管增持、减持频次对公司绩效的影响

| 指标 | ROA | ROE | EPS | ROA | ROE | EPS |
|---|---|---|---|---|---|---|
| GJC | − 0. 084 *** | − 0. 109 *** | − 0. 015 *** | | | |
| | − 5. 236 | − 6. 041 | − 12. 724 | | | |
| GZC | | | | 0. 277 *** | 1. 571 *** | 0. 023 *** |
| | | | | 4. 484 | 12. 345 | 7. 356 |
| ZZC | − 5. 574 *** | − 5. 160 *** | − 0. 466 *** | − 2. 620 *** | − 5. 177 *** | − 0. 410 *** |
| | − 14. 087 | − 10. 664 | − 12. 036 | − 8. 681 | − 11. 459 | − 21. 594 |
| ZCFZ | 0. 265 *** | 0. 176 *** | 0. 008 *** | 0. 164 *** | 0. 190 *** | 0. 005 *** |
| | 13. 821 | 10. 287 | 9. 612 | 11. 690 | 11. 226 | 8. 213 |
| HY | − 6. 942 | − 8. 689 | 0. 891 | − 3. 058 | − 6. 904 | 1. 784 |
| | − 0. 888 | − 1. 316 | 1. 051 | − 0. 880 | − 0. 322 | 1. 634 |
| H5 | 0. 125 *** | 0. 081 *** | − 0. 004 *** | 0. 135 *** | 0. 099 *** | − 0. 002 *** |
| | 6. 485 | 5. 568 | − 5. 115 | 7. 643 | 4. 446 | − 3. 024 |
| CZX | 0. 093 *** | 0. 111 *** | 0. 005 *** | 0. 093 *** | 0. 112 *** | 0. 004 *** |
| | 3. 570 | 6. 681 | 3. 357 | 3. 973 | 5. 236 | 3. 010 |
| ROA （ − 1） | − 0. 224 *** | | | − 0. 194 *** | | |
| | − 7. 221 | | | − 4. 972 | | |
| ROA （ − 2） | − 0. 321 *** | | | − 0. 300 *** | | |
| | − 5. 625 | | | − 7. 096 | | |
| ROE （ − 1） | | − 0. 270 *** | | | − 0. 281 *** | |
| | | − 6. 410 | | | − 5. 283 | |
| ROE （ − 2） | | − 0. 335 *** | | | − 0. 331 *** | |
| | | − 7. 752 | | | − 5. 089 | |
| EPS （ − 1） | | | − 0. 148 *** | | | − 0. 157 ** |
| | | | − 9. 618 | | | − 6. 610 |
| EPS （ − 2） | | | − 0. 268 *** | | | − 0. 271 ** |
| | | | − 9. 115 | | | − 9. 338 |
| N | 3162 | 3162 | 3162 | 3162 | 3162 | 3162 |

| 指标 | ROA | ROE | EPS | ROA | ROE | EPS |
|------|-----|-----|-----|-----|-----|-----|
| AR（1）（P 值） | 0.000 | 0.038 | 0.001 | 0.000 | 0.022 | 0.000 |
| AR（2）（P 值） | 0.18 | 0.133 | 0.098 | 0.051 | 0.126 | 0.150 |
| Sargan Test（P 值） | 0.024 | 0.108 | 0.117 | 0.059 | 0.120 | 0.163 |

注：＊＊、＊＊＊分别表示在5%、1%水平上显著。

（1）前期高管持股变动比例与当期绩效关系。模型（4.5）检验前期高管持股变动与当期绩效关系，检验结果如表5－11所示，前期高管持股变动比例与当期公司绩效在1%的显著水平下为具有正向影响。前期高管增持量越大，公司绩效表现得越好。Ha8得到了验证。出现正向可能是因为，具有信息优势的高管比较看好公司发展前景，通过调整持股比例，以实现自身效用最大化，同时也向市场传递出了积极的信号，增加了投资者的信心，致使股价上扬，提高公司经营业绩。

表5－11　前期高管增持、减持比例与当期绩效关系

| 指标 | ROA | ROE | EPS | ROA | ROE | EPS |
|------|-----|-----|-----|-----|-----|-----|
| GZB（-1） | 0.139 ** | 0.143 ** | 0.009 * | | | |
| | 2.473 | 2.398 | 1.831 | | | |
| GZB（-2） | 2.359 *** | 2.580 *** | 0.112 *** | | | |
| | 4.675 | 3.777 | 5.118 | | | |
| GJB（-1） | | | | -0.365 *** | -0.524 *** | -0.008 ** |
| | | | | -5.051 | -5.996 | -2.961 |
| GJB（-2） | | | | -0.070 *** | -0.285 *** | -0.029 *** |
| | | | | -11.806 | -12.965 | -8.302 |
| ZZC（-1） | -7.687 *** | -3.998 *** | -0.176 *** | -7.332 *** | -3.978 *** | -0.179 *** |
| | -6.042 | -6.416 | -7.04 | -4.667 | -6.607 | -7.135 |
| ZCFZ（-1） | 0.142 *** | 0.199 *** | 0.004 *** | 0.138 *** | 0.198 *** | 0.005 *** |
| | 8.793 | 9.351 | 5.701 | 7.143 | 7.46 | 6.42 |
| HY（-1） | -2.308 | 7.258 | -0.017 | 5.629 | 13.688 | 0.973 |
| | -0.161 | 0.271 | -0.033 | 0.313 | 0.453 | 0.872 |

续表

| 指标 | ROA | ROE | EPS | ROA | ROE | EPS |
|---|---|---|---|---|---|---|
| H5（−1） | 0.194*** | 0.02 | 0.007*** | 0.204*** | 0.117*** | 0.005*** |
|  | 6.857 | 0.708 | 5.529 | 6.403 | 3.294 | 4.135 |
| CZX（−1） | 0.077*** | 0.092*** | 0.003*** | 0.077*** | 0.087*** | 0.002*** |
|  | 15.052 | 12.726 | 13.685 | 13.347 | 10.838 | 12.333 |
| ROA（−1） | −0.204*** |  |  | −0.199*** |  |  |
|  | −3.756 |  |  | −3.033 |  |  |
| ROA（−2） | −0.313*** |  |  | −0.303*** |  |  |
|  | −4.85 |  |  | −4.548 |  |  |
| ROE（−1） |  | −0.268*** |  |  | −0.264*** |  |
|  |  | −5.421 |  |  | −4.493 |  |
| ROE（−2） |  | −0.344*** |  |  | −0.335*** |  |
|  |  | −5.085 |  |  | −4.557 |  |
| EPS（−1） |  |  | −0.148*** |  |  | −0.125*** |
|  |  |  | −7.566 |  |  | −3.154 |
| EPS（−2） |  |  | −0.281*** |  |  | −0.250*** |
|  |  |  | −4.865 |  |  | −3.78 |
| N | 3162 | 3162 | 3162 | 3162 | 3162 | 3162 |
| AR（1）（P值） | 0.000 | 0.000 | 0.000 | 0.000 | 0.003 | 0.000 |
| AR（2）（P值） | 0.349 | 0.474 | 0.201 | 0.458 | 0.193 | 0.294 |
| Sargan Test（P值） | 0.728 | 0.170 | 0.483 | 0.105 | 0.279 | 0.579 |

注：*、**、***分别表示在10%、5%、1%水平上显著。

（2）当期高管持股变动比例与前期绩效关系。模型（4.6）检验当期高管持股变动比例与前期绩效关系，检验结果如表5-12所示，即当期高管增持比例与前期绩效关系在1%的显著水平下具有正向影响，说明前期公司绩效表现越好，高管增持的量越大，增持的意愿越强烈，减持的量越小，减持的意愿越小。反之，前期公司绩效表现越差，高管增持的量越小，增持的意愿越小，减持的量越大，减持的意愿越强烈。

表 5 – 12　当期高管增持、减持比例与前期绩效关系

| 指标 | GZB | | | GJB | | |
|---|---|---|---|---|---|---|
| ROA（-1） | 0.029 *** | | | -0.126 *** | | |
| | 7.759 | | | -10.511 | | |
| ROA（-2） | 0.033 *** | | | -0.044 *** | | |
| | 3.961 | | | -3.714 | | |
| ROE（-1） | | 0.009 *** | | | -0.057 *** | |
| | | 3.987 | | | -5.983 | |
| ROE（-2） | | 0.013 *** | | | -0.004 *** | |
| | | 5.526 | | | -4.387 | |
| EPS（-1） | | | 0.642 *** | | | -0.181 * |
| | | | 3.740 | | | -1.802 |
| EPS（-2） | | | 0.669 *** | | | -1.933 *** |
| | | | 4.564 | | | -7.281 |
| ZZC | 0.028 *** | 0.066 *** | -0.003 | 2.304 *** | 1.724 *** | 1.862 *** |
| | 9.053 | 6.229 | -1.023 | 8.958 | 7.825 | 7.26 |
| ZCFZ | -0.006 *** | -0.004 *** | -0.002 | -0.047 *** | -0.052 *** | -0.062 *** |
| | -6.134 | -6.454 | -7.303 | -5.786 | -5.943 | -5.547 |
| HY | -0.279 ** | -0.996 *** | -0.632 ** | 9.33 | 11.725 *** | 6.983 |
| | -2.943 | -5.145 | -3.084 | 0.645 | 0.694 | 0.448 |
| H5 | -0.024 *** | -0.023 *** | -0.025 *** | -0.135 *** | -0.125 *** | -0.120 *** |
| | -6.05 | -3.184 | -3.164 | -15.858 | -13.279 | -11.328 |
| CZX | 0.004 *** | 0.002 *** | -0.001 *** | -0.004 | -0.003 *** | -0.003 *** |
| | -5.647 | -5.929 | -4.467 | -8.155 | -6.165 | -4.439 |
| BDL | 0.079 *** | 0.078 *** | 0.071 *** | 0.678 | 0.729 *** | 0.744 *** |
| | 7.38 | 5.433 | 6.431 | 14.317 | 13.227 | 13.53 |
| GZB（-1） | -0.076 *** | -0.069 *** | -0.072 *** | | | |
| | -3.422 | -3.143 | -4.039 | | | |
| GZB（-2） | -0.119 *** | -0.111 *** | -0.118 *** | | | |
| | -4.773 | -3.877 | -4.124 | | | |

续表

| 指标 | GZB | | | GJB | | |
|------|-----|-----|-----|-----|-----|-----|
| GJB（-1） | | | | -0.052*** | -0.051*** | -0.059*** |
| | | | | -4.727 | -4.445 | -4.673 |
| GJB（-2） | | | | -0.038*** | -0.036*** | -0.045*** |
| | | | | -4.843 | -4.184 | -4.727 |
| N | 3162 | 3162 | 3162 | 3162 | 3162 | 3162 |
| AR（1）（P值） | 0.002 | 0.002 | 0.002 | 0.000 | 0.000 | 0.000 |
| AR（2）（P值） | 0.178 | 0.366 | 0.173 | 0.687 | 0.866 | 0.720 |
| Sargan Test（P值） | 0.264 | 0.157 | 0.239 | 0.120 | 0.128 | 0.157 |

注：*、**、***分别表示在10%、5%、1%水平上显著。

### 5.1.2 实际控制人持股变动效果实证结果分析

#### 5.1.2.1 描述性统计分析

表5-13列出了各指标的描述性统计结果，从表5-13可以看出，实际控制人增持的最大值为10.34%，减持的最大值为8.6%，实际控制人的持股变动平均值为-0.12%，公司绩效替代指标平均值分别为3.413、3.741和0.131。其中总资产收益率的变动幅度最大，达到185.8%。

表5-13 各指标的描述性统计结果

| 指标 | ROA | ROE | EPS | ZRR | ZJB | ZZB | ZZC | ZCFZ | HY | H5 | BDL | CZX |
|------|-----|-----|-----|-----|-----|-----|-----|------|-----|-----|-----|-----|
| 平均值 | 3.413 | 3.741 | 0.131 | -0.120 | -0.176 | 0.095 | 11.946 | 26.778 | 1.066 | 50.17 | 2.903 | 10.76 |
| 最大值 | 28.776 | 43.644 | 1.540 | -8.606 | -8.606 | 10.340 | 14.493 | 90.435 | 11.000 | 76.10 | 5.646 | 253.5 |
| 最小值 | -13.93 | -142.3 | -1.083 | 0.000 | 0.000 | 0.000 | 10.509 | 2.032 | 0.000 | 13.38 | 0.000 | -62.70 |
| 标准差 | 4.391 | 7.405 | 0.184 | 0.124 | 0.694 | 0.708 | 0.670 | 17.029 | 2.374 | 11.73 | 0.827 | 25.01 |

#### 5.1.2.2 相关系数分析

表5-14列出了各指标的相关性系数，从表5-14可以看出，绩效指标

ROA、ROE 和 EPS 的相关系数比较大，存在一定的相关性，其余各变量的相关系数都比较小，可以认为各变量不存在相关性。

表 5 – 14　各指标相关性系数

| 指标 | ROA | ROE | EPS | ZRR | ZJB | ZZB | ZZC | ZCFZ | HY | H5 | BDL | CZX |
|---|---|---|---|---|---|---|---|---|---|---|---|---|
| ROA | 1.000 | 0.778 | 0.819 | – 0.054 | 0.051 | 0.048 | 0.207 | – 0.021 | – 0.008 | 0.061 | – 0.019 | 0.320 |
| ROE | 0.778 | 1.000 | 0.764 | – 0.061 | 0.062 | 0.043 | 0.173 | – 0.082 | – 0.044 | 0.075 | 0.021 | 0.295 |
| EPS | 0.819 | 0.764 | 1.000 | – 0.069 | 0.068 | 0.059 | 0.274 | – 0.026 | 0.037 | 0.047 | – 0.029 | 0.350 |
| ZRR | – 0.054 | – 0.061 | – 0.069 | 1.000 | – 0.678 | – 0.215 | 0.006 | – 0.015 | – 0.012 | 0.025 | – 0.023 | – 0.037 |
| ZJB | 0.051 | 0.062 | 0.068 | – 0.678 | 1.000 | 0.296 | – 0.039 | – 0.010 | 0.033 | – 0.010 | 0.036 | 0.008 |
| ZZB | 0.048 | 0.043 | 0.059 | – 0.215 | 0.296 | 1.000 | – 0.036 | – 0.024 | – 0.046 | – 0.057 | 0.058 | 0.041 |
| ZZC | 0.207 | 0.173 | 0.274 | 0.006 | – 0.039 | – 0.036 | 1.000 | 0.444 | 0.327 | – 0.123 | – 0.065 | 0.328 |
| ZCFZ | – 0.021 | – 0.082 | – 0.026 | – 0.015 | – 0.010 | – 0.024 | 0.444 | 1.000 | 0.168 | – 0.110 | – 0.005 | 0.208 |
| HY | – 0.008 | – 0.044 | 0.037 | – 0.012 | 0.033 | – 0.046 | 0.327 | 0.168 | 1.000 | 0.087 | – 0.040 | 0.101 |
| H5 | 0.061 | 0.075 | 0.047 | 0.025 | – 0.010 | – 0.057 | – 0.123 | – 0.110 | 0.087 | 1.000 | – 0.085 | 0.027 |
| BDL | – 0.019 | 0.021 | – 0.029 | – 0.023 | 0.036 | 0.058 | – 0.065 | – 0.005 | – 0.040 | – 0.085 | 1.000 | 0.013 |
| CZX | 0.320 | 0.295 | 0.350 | – 0.037 | 0.008 | 0.041 | 0.328 | 0.208 | 0.101 | 0.027 | 0.013 | 1.000 |

### 5.1.2.3　实证结果分析

表 5 – 15 汇报了模型（4.7）的系统 GMM 回归结果，检验实际控制人持股变动比例与公司绩效的影响，可以看出，实际控制人持股变动比例与公司绩效有显著的负向影响，与 ROA、EPS 在 5% 水平下显著负相关，与 ROE 在 10% 水平下显著负相关。这也说明本结果具有一定的稳健性。验证了 Hb1 产生负相关的原因，各家上市公司实际控制人持股的减持绝对额大于增持绝对额，从表 5 – 13 中 JBL 和 ZBL 的平均值也能看出，前者均值的绝对值大于后者。此外，成长性和股权集中度均与绩效指标显著正相关，企业规模对 ROA 和 EPS 的关系显著。

表 5 – 15　实际控制人持股变动对公司绩效的影响

| 指标 | ROA | ROE | EPS |
|---|---|---|---|
| ZRR | – 1.147 ** | – 1.392 * | – 0.062 ** |
|  | – 3.178 | – 1.737 | – 2.174 |

续表

| 指标 | ROA | ROE | EPS |
|---|---|---|---|
| ZZC | − 13.552 ** | − 1.743 | − 0.600 *** |
| | − 3.292 | − 0.408 | − 3.796 |
| ZCFZ | − 0.119 | − 0.127 | 0.002 |
| | − 1.294 | − 1.218 | 0.837 |
| HY | − 3.235 | − 10.809 | − 0.339 |
| | − 0.716 | − 1.359 | − 0.454 |
| H5 | 1.160 *** | 0.703 ** | 0.020 ** |
| | 4.577 | 1.965 | 2.724 |
| CZX | 0.246 *** | 0.554 *** | 0.012 *** |
| | 6.559 | 9.236 | 6.792 |
| ROA（−1） | − 0.265 *** | | |
| | − 7.848 | | |
| ROA（−2） | − 0.256 *** | | |
| | − 6.099 | | |
| ROE（−1） | | − 0.146 *** | |
| | | − 4.056 | |
| ROE（−2） | | − 0.257 *** | |
| | | − 5.702 | |
| EPS（−1） | | | − 0.099 * |
| | | | − 1.827 |
| EPS（−2） | | | − 0.247 *** |
| | | | − 5.779 |
| N | 688 | 688 | 688 |
| AR（1）（P 值） | 0.000 | 0.051 | 0.000 |
| AR（2）（P 值） | 0.300 | 0.158 | 0.158 |
| Sargan Test（P 值） | 0.292 | 0.412 | 0.132 |

注：*、**、***分别表示在 10%、5%、1% 水平上显著。

表 5 - 16 列出了模型（4.8）的实证结果，实际控制人增持比例与公司绩效的影响，实际控制人增持比例与公司绩效具有显著的正向影响，与 ROA、ROE 在 5% 的水平下均有显著正相关，与 EPS 在 10% 的水平下均有显著正相关。大多数的实际控制人在公司任职，是主要的经营者和管理者，实际控制人的自身利益与企业的利益存在着密切联系。二者回归系数为正，说明实际控制人对公司具有

关键股东持股变动效果及动因

一定的支持效应（Friedman，2003）。实证结果与 Hb2 一致。股权集中度与成长性对 ROA、ROE 和 EPS 有显著的正向影响。

表 5 - 16　实际控制人增持比例与公司绩效的影响

| 指标 | ROA | ROE | EPS |
|---|---|---|---|
| ZBL | 1. 186 ** | 1. 729 ** | 0. 067 * |
|  | 2. 816 | 2. 306 | 1. 868 |
| ZZC | - 14. 484 *** | 0. 300 | - 0. 533 *** |
|  | - 3. 469 | 0. 074 | - 4. 005 |
| ZCFZ | - 0. 122 | - 0. 216 ** | 0. 003 |
|  | - 1. 274 | - 2. 108 | 0. 162 |
| HY | - 32. 741 | - 74. 948 | - 0. 06 |
|  | - 0. 713 | - 1. 277 | - 0. 122 |
| H5 | 1. 101 *** | 0. 903 ** | 0. 020 ** |
|  | 4. 177 | 2. 481 | 2. 874 |
| CZX | 0. 239 *** | 0. 540 *** | 0. 011 *** |
|  | 6. 345 | 10. 949 | 7. 479 |
| ROA（-1） | - 0. 288 *** |  |  |
|  | - 9. 657 |  |  |
| ROA（-2） | - 0. 257 *** |  |  |
|  | - 6. 400 |  |  |
| ROE（-1） |  | - 0. 170 *** |  |
|  |  | - 5. 038 |  |
| ROE（-2） |  | - 0. 277 *** |  |
|  |  | - 6. 777 |  |
| EPS（-1） |  |  | - 0. 145 ** |
|  |  |  | - 2. 711 |
| EPS（-2） |  |  | - 0. 222 *** |
|  |  |  | - 5. 599 |
| N | 688 | 688 | 688 |
| AR（1）（P 值） | 0. 000 | 0. 006 | 0. 000 |
| AR（2）（P 值） | 0. 274 | 0. 166 | 0. 141 |
| Sargan Test（P 值） | 0. 252 | 0. 311 | 0. 028 |

注：*、**、***分别表示在 10%、5%、1% 水平上显著。

· 98 ·

表 5 - 17 列出了模型（4.9）的实证结果，检验实际控制人减持比例与公司绩效的影响，实际控制人减持比例与公司绩效具有显著的负向影响，与 ROA、ROE 在 10% 的水平下均有显著负相关，与 EPS 在 5% 的水平下均有显著负相关，实际控制人会利用控制权的优势，实施隧道行为，掏空上市公司，侵占中小投资者利益。实证结果与 Hb3 一致。通过表 5 - 16 和表 5 - 17 的分析，可以认为实际控制人不仅对公司有支持效应（Friedman，2003），也存在掏空行为（Ikram 和 Napvi，2005），他们有实施隧道行为的动因。资产负债率、行业对 ROA、ROE 和 EPS 系数不显著，成长性对 ROA、ROE 和 EPS 有显著的正向影响。

表 5 - 17　实际控制人减持比例与公司绩效的关系

| 指标 | ROA | ROE | EPS |
|---|---|---|---|
| JBL | - 0. 162 * | - 0. 474 * | - 0. 188 ** |
|  | - 1. 849 | - 1. 926 | - 3. 058 |
| ZZC | - 1. 594 *** | 1. 872 | - 0. 554 *** |
|  | - 3. 545 | 0. 515 | - 4. 536 |
| ZCFZ | - 0. 126 | - 0. 164 | - 0. 001 |
|  | - 1. 377 | - 1. 482 | - 0. 314 |
| HY | - 0. 907 | - 7. 739 | 0. 122 |
|  | - 0. 592 | - 1. 285 | 0. 181 |
| H5 | 0. 936 *** | 0. 830 ** | 0. 011 |
|  | 4. 02 | 2. 66 | 1. 429 |
| CZX | 0. 227 *** | 0. 535 *** | 0. 011 *** |
|  | 6. 861 | 9. 913 | 6. 821 |
| ROA （ - 1） | - 0. 259 *** |  |  |
|  | - 8. 83 |  |  |
| ROA （ - 2） | - 0. 270 *** |  |  |
|  | - 6. 57 |  |  |
| ROE （ - 1） |  | - 0. 182 *** |  |
|  |  | - 4. 982 |  |
| ROE （ - 2） |  | - 0. 305 *** |  |
|  |  | - 7. 657 |  |

续表

| | ROA | ROE | EPS |
|---|---|---|---|
| EPS（-1） | | | -0.022 |
| | | | -0.545 |
| EPS（-2） | | | -0.235*** |
| | | | -5.915 |
| N | 688 | 688 | 688 |
| AR（1）（P值） | 0.000 | 0.004 | 0.003 |
| AR（2）（P值） | 0.276 | 0.161 | 0.096 |
| Sargan Test（P值） | 0.192 | 0.295 | 0.056 |

注：*、**、***分别表示在10%、5%、1%水平上显著。

表5-18给出了模型（4.10）的实证结果，检验公司绩效对实际控制人持股变动的反馈效应，ROA和ROE对实际控制人的持股变动在10%的水平下显著正向影响，EPS对实际控制人的持股变动在5%的水平下显著正向影响。实际控制人会利用控制权和信息优势，采取增持或减持措施调整期持股份额，赚取一定的收益，实现自身利益的最大化。检验了Hb4，二者具有相互影响。

表5-18　公司绩效对实际控制人持股变动的反馈效应

| 指标 | ZZB | | | ZJB | | |
|---|---|---|---|---|---|---|
| ROA | 0.035* | | | -0.042*** | | |
| | 1.829 | | | -3.205 | | |
| ROE | | 0.037* | | | -0.029** | |
| | | 1.193 | | | -2.954 | |
| EPS | | | 0.229* | | | -0.041* |
| | | | 1.828 | | | -1.918 |
| ZZC | -0.265 | 0.905** | 0.940** | -2.504** | -2.364** | -2.092** |
| | -0.313 | 2.305 | 2.935 | -2.045 | -1.976 | -2.924 |
| ZCFZ | 0.018* | 0.072 | 0.055 | -0.015 | -0.015 | -0.004 |
| | 1.868 | 1.011 | 0.88 | -0.714 | -0.819 | -0.348 |
| HY | -18.038 | 14.46 | 21.334 | -0.409 | -0.845 | -0.259 |
| | -0.822 | 0.496 | 0.621 | -0.746 | -0.671 | -0.533 |

续表

| 指标 | ZZB | | | ZJB | | |
|---|---|---|---|---|---|---|
| H5 | − 0.034 | − 0.079 | − 0.082 | − 0.044 | − 0.04 | − 0.023 |
| | − 1.488 | − 1.164 | − 0.953 | − 1.526 | − 1.381 | − 0.786 |
| CZX | 0.013 *** | − 0.005 | − 0.009 | 0.039 *** | 0.038 *** | 0.025 *** |
| | 6.13 | − 0.612 | − 1.05 | 3.627 | 3.553 | 4.333 |
| BDL | 0.008 | 0.486 | 0.557 ** | − 0.160 *** | − 0.157 *** | − 0.160 *** |
| | 0.1 | 1.623 | 1.979 | − 3.75 | − 3.424 | − 3.3 |
| ZZB（ − 1） | − 0.075 ** | − 0.088 ** | − 0.087 ** | | | |
| | − 2.024 | − 2.469 | − 2.34 | | | |
| ZZB（ − 2） | − 0.027 * | − 0.054 * | − 0.037 | | | |
| | − 1.878 | − 1.774 | − 1.269 | | | |
| ZJB（ − 1） | | | | − 0.048 *** | − 0.047 *** | − 0.034 *** |
| | | | | − 3.957 | − 4.167 | − 3.157 |
| ZJB（ − 2） | | | | 0.024 | 0.026 | 0.031 * |
| | | | | 1.217 | 1.234 | 1.829 |
| N | 688 | 688 | 688 | 688 | 688 | 688 |
| AR（1）（P 值） | 0.000 | 0.000 | 0.000 | 0.000 | 0.000 | 0.000 |
| AR（2）（P 值） | 0.888 | 0.601 | 0.397 | 0.188 | 0.301 | 0.397 |
| Sargan Test（P 值） | 0.408 | 0.593 | 0.439 | 0.555 | 0.623 | 0.511 |

注：* 、** 、*** 分别表示在 10% 、5% 、1% 水平上显著。

表 5 – 19 给出模型（4.11）的实证结果，检验了前期公司绩效对当期实际控制人持股变动的影响，前期的 ROA、ROE 和 EPS 与当期的实际控制人增持有正向的影响，但回归结果并不显著，出现这种现象的原因有可能是，实际控制人作为公司的所有者，其增持行为不仅要考虑财务绩效，还要考虑控制权、政治等因素。前期的 ROA、ROE 和 EPS 与当期的实际控制人减持有正向的影响，在 1% 的水平下显著，产生这种现象的原因有可能是，在控制权不受影响的情况下，实际控制人会优化自身持股比例，在二级市场抛售股票，图谋圈钱套利。

表 5 - 19　前期公司绩效与当期实际控制人持股变动的关系

| 指标 | ZZB | | | ZJB | | |
|---|---|---|---|---|---|---|
| ROA （-1） | 0.100 | | | 0.035 *** | | |
| | 0.698 | | | 3.429 | | |
| ROA （-2） | 0.029 | | | -0.003 | | |
| | 0.470 | | | -0.317 | | |
| ROE （-1） | | 0.051 | | | 0.034 *** | |
| | | 0.576 | | | 3.439 | |
| ROE （-2） | | 0.012 | | | -0.003 | |
| | | 0.296 | | | -0.260 | |
| EPS （-1） | | | 0.159 | | | 0.514 *** |
| | | | 0.284 | | | 4.077 |
| EPS （-2） | | | 0.322 | | | -1.139 *** |
| | | | 0.330 | | | -3.715 |
| ZZC | 8.051 ** | 7.961 ** | 0.959 | -0.188 ** | -0.355 ** | -0.036 |
| | 2.101 | 2.118 | 0.536 | -2.880 | -2.888 | -1.592 |
| ZCFZ | -0.019 | 0.036 | 0.017 | -0.007 | -0.010 | -0.013 |
| | -0.157 | 0.508 | 0.908 | -0.784 | -1.047 | -1.029 |
| HY | 9.035 | 5.806 | -18.225 | -0.646 | -0.911 | -0.110 |
| | 0.255 | 0.146 | -0.794 | -0.864 | -0.754 | -0.633 |
| H5 | -0.173 | -0.118 | -0.041 | -0.060 ** | -0.054 ** | -0.050 ** |
| | -0.894 | -0.966 | -0.877 | -2.787 | -2.328 | -2.324 |
| CZX | -0.011 | -0.011 | 0.012 | 0.025 *** | 0.026 *** | 0.023 ** |
| | -0.914 | -0.946 | 2.009 | 4.154 | 4.148 | 2.583 |
| BDL | 0.334 | 0.528 | 0.048 | -0.079 | -0.072 | -0.098 ** |
| | 0.761 | 1.609 | 0.505 | -1.604 | -1.561 | -2.306 |
| ZZB （-1） | -0.065 | -0.077 * | -0.090 * | 0.036 ** | 0.037 ** | 0.032 |
| | -1.526 | -1.807 | -1.720 | 2.478 | 2.170 | 1.380 |
| ZZB （-2） | -0.038 | -0.044 | -0.039 | -0.026 ** | -0.027 *** | -0.035 *** |
| | -1.383 | -1.329 | -1.266 | -2.527 | -2.399 | -3.233 |
| N | 688 | 688 | 688 | 688 | 688 | 688 |
| AR （1） （P 值） | 0.001 | 0.005 | 0.000 | 0.003 | 0.000 | 0.000 |
| AR （2） （P 值） | 0.804 | 0.665 | 0.954 | 0.455 | 0.641 | 0.973 |
| Sargan Test （P 值） | 0.827 | 0.839 | 0.758 | 0.770 | 0.808 | 0.758 |

注：* 、** 、*** 分别表示在 10% 、5% 、1% 水平上显著。

表 5 - 20 给出模型（4.12）的实证结果。检验前期实际控制人持股变动对当期公司绩效的影响，前期实际控制人增持在 10% 的水平下对 ROA 有显著的正向影响，在 5% 水平下对 ROE 和 EPS 有显著的正向影响。作为公司的内部人，实际控制人具有绝对的信息优势，他们增持公司股份，也会向市场传递出一定的信号效应。前期实际控制人减持在 5% 的水平下对 ROA 和 EPS 有显著的负向影响，在 10% 水平下对 ROE 有显著的负向影响。实际控制人持股变动具有一定的信号效应，他们减持公司的股份会向市场传递负向的影响，进而会影响到公司的业绩，但这种负的影响，会随着时间的推移而弱化。通过表 5 - 19 和表 5 - 20 的分析，Hb5 得到了验证，即公司绩效与实际控制人持股变动存在动态跨期影响。

表 5 - 20　前期实际控制人持股变动与当期公司绩效的关系

| 指标 | ROA | ROE | EPS | ROA | ROE | EPS |
|---|---|---|---|---|---|---|
| ZZB（-1） | 2.306 * | 5.220 ** | 0.069 ** | | | |
| | 1.923 | 2.014 | 2.638 | | | |
| ZZB（-2） | -1.446 | -1.322 | -0.086 ** | | | |
| | -1.274 | -0.667 | -2.381 | | | |
| ZJB（-1） | | | | -2.722 ** | -0.023 *** | -0.393 ** |
| | | | | -2.956 | -3.646 | -2.310 |
| ZJB（-2） | | | | -0.053 | -1.551 | -0.009 |
| | | | | -1.402 | -0.770 | -0.287 |
| ZZC（-1） | -11.986 ** | -1.123 | -0.497 *** | -0.554 *** | 0.645 | -0.417 *** |
| | -2.829 | -0.184 | -4.024 | -1.069 | 1.256 | -3.321 |
| ZCFZ（-1） | -0.238 ** | -0.432 ** | -0.003 | -0.063 | -0.190 | -0.002 |
| | -2.168 | -2.707 | -1.020 | -0.818 | -0.995 | -0.653 |
| HY（-1） | -0.573 | -0.370 | 0.031 | -0.282 | -0.320 | 0.222 |
| | -0.599 | -1.247 | 0.046 | -0.161 | -1.040 | 0.225 |
| H5（-1） | 1.055 *** | 0.885 ** | 0.008 | 0.255 | -0.159 | 0.011 |
| | 4.322 | 2.986 | 1.000 | 0.766 | -0.200 | 1.059 |
| CZX（-1） | 0.239 *** | 0.529 *** | 0.011 *** | 0.173 *** | 0.399 *** | 0.010 *** |
| | 5.921 | 7.640 | 6.487 | 5.870 | 4.827 | 5.997 |
| ROA（-1） | -0.263 *** | -0.126 ** | -0.124 *** | -0.328 *** | -0.219 *** | -0.153 *** |
| | -7.001 | -2.607 | -3.233 | -7.252 | -4.152 | -3.587 |

| 指标 | ROA | ROE | EPS | ROA | ROE | EPS |
|---|---|---|---|---|---|---|
| ROA（-2） | -0.247*** | -0.228*** | -0.206*** | -0.299*** | -0.340*** | -0.242*** |
| | -4.916 | -3.970 | -5.558 | -5.147 | -5.155 | -6.914 |
| N | 688 | 688 | 688 | 688 | 688 | 688 |
| AR（1）（P值） | 0.003 | 0.002 | 0.000 | 0.001 | 0.007 | 0.000 |
| AR（2）（P值） | 0.114 | 0.103 | 0.166 | 0.166 | 0.394 | 0.134 |
| Sargan Test（P值） | 0.174 | 0.389 | 0.268 | 0.145 | 0.976 | 0.424 |

注：*、**、***分别表示在10%、5%、1%水平上显著。

# 5.2 持股变动动因实证结果分析

## 5.2.1 减持动因实证结果分析

### 5.2.1.1 描述性统计分析

表5-21列出了各指标的描述性统计分析结果，实际控制人减持最大值为5.128，平均值为0.018；高管减持的最大值为14.085，平均值为0.568；前五大股东持股比例最大值为79.870，平均值为53.521，说明研究样本的股权集中度较高。

表5-21 描述性统计分析

| 指标 | ZJB | GJB | BM | ROE | GDP | HSL | BDL | P5 | ZZC | HY |
|---|---|---|---|---|---|---|---|---|---|---|
| 平均值 | 0.018 | 0.568 | 0.294 | 3.804 | 8.203 | 3.144 | 2.909 | 53.521 | 11.940 | 1.101 |
| 最大值 | 5.128 | 14.085 | 1.037 | 43.644 | 12.60 | 19.452 | 5.646 | 79.870 | 14.493 | 11.00 |
| 最小值 | 0.000 | 0.000 | 0.018 | -142.33 | 1.900 | 0.092 | 0.000 | 13.380 | 10.509 | 0.000 |
| 标准差 | 0.703 | 1.512 | 0.181 | 7.482 | 1.280 | 2.478 | 0.831 | 11.626 | 0.665 | 2.404 |

### 5.2.1.2   相关性分析

表 5 – 22 列出了各指标的相关系数，从表中可以看出，各指标的相关系数均低于 0.4，可以认为不存在相关性问题，不存在多重共线性。

表 5 – 22   各指标相关性分析

| 指标 | ZJB | GJB | BM | ROE | GDP | HSL | BDL | P5 | ZZC | HY |
|---|---|---|---|---|---|---|---|---|---|---|
| ZJB | 1.000 | – 0.018 | 0.036 | – 0.058 | 0.060 | 0.024 | 0.037 | – 0.003 | 0.002 | 0.034 |
| GJB | – 0.018 | 1.000 | – 0.006 | 0.081 | 0.003 | – 0.038 | – 0.015 | 0.064 | 0.052 | – 0.020 |
| BM | 0.036 | – 0.006 | 1.000 | – 0.182 | 0.121 | 0.002 | – 0.057 | – 0.047 | – 0.062 | – 0.016 |
| ROE | – 0.058 | 0.081 | – 0.182 | 1.000 | – 0.002 | – 0.020 | 0.009 | 0.034 | 0.165 | – 0.048 |
| GDP | 0.060 | 0.003 | 0.121 | – 0.002 | 1.000 | 0.012 | – 0.001 | – 0.109 | – 0.287 | – 0.147 |
| HSL | 0.024 | – 0.038 | 0.002 | – 0.020 | 0.012 | 1.000 | – 0.016 | – 0.284 | – 0.002 | 0.072 |
| BDL | 0.037 | – 0.015 | – 0.057 | 0.009 | – 0.001 | – 0.016 | 1.000 | – 0.035 | 0.015 | 0.009 |
| P5 | – 0.003 | 0.064 | – 0.047 | 0.034 | – 0.109 | – 0.284 | – 0.035 | 1.000 | 0.093 | 0.023 |
| ZZC | 0.002 | 0.052 | – 0.062 | 0.165 | – 0.287 | – 0.002 | 0.015 | 0.093 | 1.000 | 0.341 |
| HY | 0.034 | – 0.020 | – 0.016 | – 0.048 | – 0.147 | 0.072 | 0.009 | 0.023 | 0.341 | 1.000 |

### 5.2.1.3   回归结果分析

Wintoki（2012）认为，GMM 模型通过内部工具变量方法，较好地解决了不可观测异质性、动态内生性及同期联立内生性问题。由前文分析可知，关键股东的持股变动与公司绩效存在动态内生性问题，为避免模型存在上述问题，采用 GMM 方法对模型进行估计，估计结果如表 5 – 23 所示。

表 5 – 23   实际控制人与高管减持动因估计结果

| 指标 | ZJB | GJB |
|---|---|---|
| | (2) | (1) |
| BM | 0.642 *** | – 0.349 *** |
| | 5.07 | – 4.01 |
| ROE | – 0.007 * | – 0.022 * |
| | – 1.719 | – 1.813 |

| 指标 | ZJB | GJB |
|---|---|---|
| | (2) | (1) |
| GDP | -1.226** | -2.417*** |
| | -2.912 | -3.726 |
| P5 | 0.090** | 0.370*** |
| | 3.408 | 4.004 |
| HSL | 0.395*** | 0.045* |
| | 5.489 | 1.803 |
| BDL | 0.401*** | -1.254*** |
| | 2.313 | -5.141 |
| ZZC | 6.219*** | 2.032 |
| | 3.62 | 0.887 |
| HY | 0.367 | 0.205*** |
| | 0.169 | 4.343 |
| ZJB (-1) | -0.441*** | |
| | -11.518 | |
| ZJB (-2) | -0.195*** | |
| | -4.614 | |
| GJB (-1) | | -0.465*** |
| | | -17.441 |
| GJB (-2) | | -0.537*** |
| | | -17.032 |
| N | 688 | 688 |
| AR (1) (p值) | 0.007 | 0.002 |
| AR (2) (p值) | 0.788 | 0.325 |
| Sargon Test (p值) | 0.260 | 0.636 |

注：*、**、***分别表示在10%、5%、1%水平上显著。

多元回归结果如表5-23所示，其中（1）代表着实际控制人减持的多元回归结果，（2）代表着高管减持样本公司的多元回归结果。如表5-23所示，在减持影响因素方面，实际控制人与高管存在一定的差异。其中，实际控制人与账面市值比在1%的水平下有显著正向影响，高管与账面市值比在1%的水平下有显著影响，但回归系数为负。产生这种现象的原因可能是二者出发点不同。回归系数为负意味着企业估值水平越低，高管的减持比例越多。当公司估值持续下滑时，高管为满足自身利益的需要会倾向于抛售股票进行套现，以期在短期内获取更多的资金。在一定程度上可以认为高管减持不能作为判断公司高估值、未来收益变差的信号；回归系数为正说明在企业估值较高的情况下，实际控制人会采取减持措施。实际控制人作为公司的所有者，他们更关注企业的长期发展。Hc1 得到了验证。

关键股东减持比例与公司净资产收益率负相关。净资产收益率越高，关键股东减持比例反而越低。收益率越高，公司未来发展前景越好，盈利能力越强，关键股东会保持现有持股比例的措施，股价上升后进行减持，所以，当期减持比例会减少。这印证了 Hc2。

GDP 指标通过了显著性检验，二者的回归系数均为负，表明宏观经济的好坏对关键股东减持有着重要作用，当宏观经济环境状况良好时，减持比率会随之下降，这也说明了我国股市具有一定的政策性，相同经济大环境下，关键股东减持的步调一致，Hc3 得到了检验。

收益波动率与减持比例具有显著关系。未来不确定因素越大，公司风险也越大。鉴于此，关键股东会抛售股票。高管减持与收益波动率具有负向效应，可能的原因是高管作为公司的经营者，具有信息优势，出于自身利益的考量，暂时降低了减持的比例。

减持比例与股权集中度显著正相关。当关键股东持股比例越高时，其他股东对其制衡力越小，具有信息优势的他们会借助股票市场利好消息伺机进行抛售，以获取私有收益。Hc4 得到了检验。

换手率与减持比例有显著的正向影响，股票的换手率越高，就越受到市场关注，吸引更多投资者介入，这为关键股东高位减持套现创造了机会。Hc5 得到了检验。

从股票市场高抛低吸赚取差价这个角度来考虑，关键股东会在股票市场不活跃，方向不明显时增持股份，以达到降低持有成本目的，相反，减持者则更希望在市场活跃时获利离场。因而股票波动风险越大，关键股东减持愿意越强，Hc6 得到了检验。

#### 5.2.1.4　稳健性检验

为了考察计量模型的稳健性，本书用每股收益作为净资产收益率的替代变量，该指标主要反映普通股的获利水平，可以用来度量上市公司的盈利能力。对模型重新估计，结果显示，估计结果和主要变量的显著性水平都没有显著的变化，说明模型是稳定的，如表5-24所示。

表5-24  EPS替代ROE后GMM估计结果

| 指标 | ZJB | GJB |
|---|---|---|
| BM | 6.154*** | -6.871*** |
| | 6.676 | -3.98 |
| EPS | -0.450** | -2.320* |
| | -2.791 | -1.8 |
| GDP | -0.978*** | -1.769*** |
| | -3.371 | -3.334 |
| P5 | 0.102*** | 0.378*** |
| | 5.029 | 4.767 |
| HSL | 0.423*** | 0.256* |
| | 6.047 | 1.727 |
| BDL | 0.358** | -1.425*** |
| | 2.717 | -6.29 |
| ZZC | 6.916*** | -1.056 |
| | 6.177 | -0.483 |
| HY | 0.800 | 0.792*** |
| | 0.127 | 4.489 |
| ZJB（-1） | -0.431*** | |
| | -19.874 | |
| ZJB（-2） | -0.192*** | |
| | -6.712 | |
| GJB（-1） | | -0.511*** |
| | | -20.851 |
| GJB（-2） | | -0.565*** |
| | | -17.245 |
| N | 688 | 688 |
| AR（1）（P值） | 0.001 | 0.001 |
| AR（2）（P值） | 0.422 | 0.512 |
| Sargon Test（P值） | 0.260 | 0.648 |

注：*、**、***分别表示在10%、5%、1%水平上显著。

### 5.2.2　增持动因实证结果分析

#### 5.2.2.1　描述性统计分析

表5－25列出了各指标的描述性统计分析结果，实际控制人增持最大值为5，平均值为0.04；高管增持的最大值为10.34，平均值为0.092；前五大股东持股比例最大值为79.87，平均值为53.521，股权集中度较高。

表5－25　各指标描述性统计

| 指标 | BM | ROE | ZHD | GDP | P5 | LTG | ZZC | ZCFZ | GZB | ZZB |
|---|---|---|---|---|---|---|---|---|---|---|
| 均值 | 0.293 | 3.794 | 2.192 | 8.22 | 53.521 | 69.360 | 11.952 | 26.715 | 0.040 | 0.092 |
| 最大值 | 1.037 | 43.644 | 16.11 | 12.60 | 79.870 | 100.00 | 14.493 | 90.435 | 5.000 | 10.34 |
| 最小值 | 0.018 | −142.3 | 0.327 | 1.90 | 13.380 | 32.188 | 10.509 | 2.032 | 0.000 | 0.000 |
| 方差 | 0.180 | 7.426 | 1.795 | 1.28 | 11.617 | 15.744 | 0.669 | 17.111 | 0.345 | 0.625 |

#### 5.2.2.2　相关性检验

表5－26列出了各指标的相关系数，从表5－26中可以看出，各指标的相关系数均低于0.4，可以认为不存在相关性问题，不存在多重共线性。

表5－26　各指标相关系数

| 指标 | BM | ROE | ZHD | GDP | P5 | LTG | ZZC | ZCFZ | GZB | ZZB |
|---|---|---|---|---|---|---|---|---|---|---|
| BM | 1.000 | −0.182 | −0.121 | 0.125 | −0.053 | −0.133 | −0.073 | −0.229 | −0.029 | −0.042 |
| ROE | −0.182 | 1.000 | 0.066 | −0.010 | 0.032 | −0.020 | 0.169 | −0.080 | 0.076 | 0.009 |
| ZHD | −0.121 | 0.066 | 1.000 | −0.017 | 0.054 | 0.003 | 0.191 | 0.107 | 0.000 | −0.006 |
| GDP | 0.125 | −0.010 | −0.017 | 1.000 | −0.091 | −0.160 | −0.280 | 0.000 | 0.002 | −0.007 |
| P5 | −0.053 | 0.032 | 0.054 | −0.091 | 1.000 | 0.284 | 0.107 | −0.020 | −0.018 | 0.055 |
| LTG | −0.133 | −0.020 | 0.003 | −0.160 | 0.284 | 1.000 | 0.144 | 0.121 | 0.011 | 0.000 |
| ZZC | −0.073 | 0.169 | 0.191 | −0.280 | 0.107 | 0.144 | 1.000 | 0.449 | 0.030 | −0.024 |
| ZCFZ | −0.229 | −0.080 | 0.107 | 0.000 | −0.020 | 0.121 | 0.449 | 1.000 | 0.061 | −0.023 |
| GZB | −0.029 | 0.076 | 0.000 | 0.002 | −0.018 | 0.011 | 0.030 | 0.061 | 1.000 | 0.018 |
| ZZB | −0.042 | 0.009 | −0.006 | −0.007 | 0.055 | 0.000 | −0.024 | −0.023 | 0.018 | 1.000 |

### 5.2.2.3 回归结果

多元回归结果如表5–27所示，其中（1）为实际控制人增持的多元回归结果，（2）为高管增持样本公司的多元回归结果。

表5–27  实际控制人与高管增持动因的GMM结果分析

| 指标 | ZZB（1） | | GZB（2） | |
|---|---|---|---|---|
| | 系数 | t值 | 系数 | t值 |
| BM | −2.534** | −2.415 | −3.318*** | −4.162 |
| ROE | 0.050* | 1.823 | 0.025*** | 6.473 |
| ZHD | 1.101*** | 3.826 | −0.038*** | −8.130 |
| GDP | −1.008** | −2.093 | −0.341*** | −4.772 |
| P5 | 0.026* | 1.958 | −0.025*** | −5.360 |
| LTG | −0.043*** | −3.545 | −0.006*** | −2.043 |
| ZZC | 5.491*** | 3.745 | −2.784*** | −2.362 |
| ZCFZ | 0.119** | 2.902 | 0.035*** | 6.628 |
| ZZB（−1） | −0.422*** | −9.788 | | |
| ZZB（−2） | −0.314*** | −9.083 | | |
| GZB（−1） | | | −0.457*** | −4.973 |
| GZB（−2） | | | −0.356*** | −8.813 |
| N | 688 | | 688 | |
| AR（1）（P值） | 0.005 | | 0.000 | |
| AR（2）（P值） | 0.313 | | 0.490 | |
| Sargon Test（P值） | 0.587 | | 0.515 | |

注：*、**、***分别表示在10%、5%、1%水平上显著。

（1）给出了有关上市公司实际控制人增持动因的回归结果，实证表明，实际控制人增持的比例与市账比呈负相关，在5%的水平下显著相关，账面市值比低，关键股东有动力去增持本公司的股份。结果表明，关键股东在进行增持时会考虑公司实际估值状况，因此，公司估值水平是关键股东增持的动因之一。值得注意的是实际控制人的增持行为并非是简单的财务行为，有可能是为了稳定市场所采用的特殊措施。

（2）列出了高管增持的实证结果，回归结果显示，高管增持的比例与市账比成反比，在 1% 的水平下显著负相关，账面市值比越低，高管增持本公司股份的动因越强。当公司价值被市场低估时，高管会选择增持公司股份；反之，高管会采取减持措施。作为公司的实际经营管理者，高管会更清楚地意识到这一点，所以，公司实际估值是高管判断增持与否的依据。实际控制人的增持行为与之类似。本书的研究 Hd1 得到验证。

（1）中结果显示，实际控制人增持与控股能力和股权集中度密切相关，具有正向作用，即控股能力越强的时候，实际控制人增持股份的动因越强烈。当股票市场比较低迷或股票价格处于低位时，会大大降低增持成本，为进一步巩固控股地位，实际控制人会增持公司股份，增持的动因越强烈。（2）中结果显示，高管增持的比例、控股能力和股权集中度分别在 1% 的水平下显著负相关，当控股能力较强的时候，高管增持股份的动因会减弱。由此验证了研究推论 Hd3：实际控制人增持行为与其控制能力显著相关，如果控股能力越强，实际控制人增持动因也越强。实际控制人增持的主要原因是为保持长期的控股地位。同实际控制人增持不同的是，回归结果显示，高管增持行为与控股能力和股权集中度等指标的显著负相关。可能的原因是，股权集中度越高，控制能力越强。股东为避免控股决策权受到威胁和获得控制权私有收益以及巩固控制地位，会采取一些措施或限制高管持有较高股份，加大对高管的股权约束与限制。公司的流通股比例越多，越能反映公司的真实价值。当股价偏低时，关键股东凭借他们的控制地位，进行资金注入，获得更多的控制权及相关收益。相反，如果股价偏高，抛售的潜在压力较大，他们只能择时进行减持。一旦禁售期结束，关键股东获得流通权，他们很可能在二级市场上出售，以赚取资本利得。

（1）中研究了公司财务绩效如何影响实际控制人的增持行为，研究结果表明，净资产收益率和资产负债率与增持行为的相关性明显，结果表明，公司财务绩效状况也是实际控制人增持股份的主要原因之一。（2）中研究了公司绩效影响高管增持，实证结果显示，高管增持比例与净资产收益率和资产负债率呈正相关，在 1% 的水平下显著相关。实证结果表明，公司财务绩效是高管增持的主要原因之一。净资产收益率越高，上市公司高管增持股份的动因越强烈。在一定程度上，高管进行增持也表明其对公司未来经营发展的信心。

考虑高管与公司实际控制人之间存在的委托代理的关系，且由于二者的效用函数存在差别，因此同样是增持行为，二者的动因不完全一致。实际控制人增持股份主要追求的是提高控股能力，获取更多控制权收益，而高管主要追求自己的工资待遇及福利的最大化，这与公司的经营业绩和运营状况直接相关，因此，公司业绩是高管增持的主要动因之一。

#### 5.2.2.4 稳健性检验

净资产收益率是衡量企业绩效常用的指标之一，该指标能够较好地反映公司的盈利情况，但是单纯采用该指标可能难以反映企业的真实业绩，因为盈余管理现象普遍存在。为了克服这一问题，本书引入每股经营现金流量（XJL）这一指标，进行稳健性检验。选其作为替代指标的原因是，在企业经营、投资、筹资等运营活动中均会产生现金流，经营业绩是企业经营活动中所产生现金流量的一种反映，被操纵的可能性较低。检验结果如表5-28所示，回归结果与上述实证结果基本保持一致。

表 5-28　XJL 替代 ROE 后的 GMM 结果

| 指标 | ZZB（1） | | GZB（2） | |
|---|---|---|---|---|
| | 系数 | t 值 | 系数 | t 值 |
| BM | -8.501 ** | -2.432 | -2.442 *** | -3.281 |
| XJL | 0.087 * | 1.791 | -0.454 *** | -4.161 |
| ZHD | 0.956 ** | 2.751 | -0.070 *** | -9.366 |
| GDP | -1.337 ** | -2.603 | -0.315 *** | -3.182 |
| P5 | 0.027 * | 1.82 | -0.028 *** | -6.142 |
| LTG | -0.044 ** | -3.261 | -0.008 *** | -5.082 |
| ZZC | 5.431 *** | 4.045 | -2.814 *** | -4.656 |
| ZCFZ | 0.121 ** | 3.005 | 0.036 *** | 3.452 |
| ZZB（-1） | -0.464 *** | -14.47 | | |
| ZZB（-2） | -0.339 *** | -10.714 | | |
| GZB（-1） | | | -0.487 | -9.601 |
| GZB（-2） | | | -0.334 | -7.129 |
| N | 688 | | 688 | |
| AR（1）（P 值） | 0.001 | | 0.000 | |
| AR（2）（P 值） | 0.478 | | 0.248 | |
| Sargon Test（P 值） | 0.496 | | 0.431 | |

注：*、**、***分别表示在10%、5%、1%水平上显著。

# 5.3　本章小结

　　本章采用创业板中实际控制人为自然人的上市公司作为研究样本，运用GMM回归方法，首先，实证检验实际控制人和高管人员增持、减持股份及持股变动程度对公司经济效果的影响，研究结果表明，实际控制人和高管的增持均对公司绩效有显著的正向影响，减持对公司绩效有显著的负向影响，持股变动比例与公司绩效呈现显著的负相关关系。同时，也证实了实际控制人和高管的持股变动与公司绩效具有相互影响，二者存在动态跨期效应。其次，对比分析了实际控制人和高管这两类主体的减持股份和增持股份行为的动因，并详细解释了各个指标对二者减持和增持的影响。结果表明，由于高管与公司实际控制人之间存在着的委托代理关系，且二者的效用函数不同，使这两类主体的减持和增持动因存在一定差异。但总体来看，实际控制人的减持行为更为谨慎、合理。

# 第❻章
# 结论与建议

本章对全书进行归纳总结，并依据第 5 章的研究结论，就规范、管理关键股东持股行为等内容，有针对性地提出政策建议。

# 6.1 研究结论

本书以实际控制人为自然人的创业板上市公司关键股东持股变动这一热点问题展开研究，以委托代理理论和信息不对称等理论作为支撑，从实际控制人和高管持股变动的现象为引入点，梳理了相关文献，较为全面地分析创业板企业，并收集了相关数据，进行实证研究，最终得出以下结论：

## 6.1.1 关键股东持股变动效果

### 6.1.1.1 关键股东减持效果方面

首先，实证检验了实际控制人和高管减持对公司经济效果的影响。实际控制人与高管的减持和公司绩效存在显著的负向作用，即二者的减持会导致公司绩效下降。其次，验证了实际控制人和高管的减持与公司绩效相互影响，二者存在动态跨期影响。

### 6.1.1.2 关键股东增持效果方面

首先，实证检验了实际控制人和高管人员增持对公司经济效果的影响。结果显示，实际控制人和高管的增持对公司绩效有显著的正向影响，即二者的增持会促使公司绩效上升。其次，实际控制人和高管增持与公司绩效相互影响，二者存在动态跨期影响，其中高管增持与公司绩效的互动影响效果比实际控制人增持与公司绩效的互动影响更明显。在检验前期，公司绩效对当期实际控制人持股变动影响时，发现前期的 ROA、ROE 和 EPS 与当期的实际控制人增持有正向的影响，但回归结果并不显著，出现这种现象的原因可能是，实际控制人作为公司的所有者，其增持行为不仅要考虑财务绩效，还要考虑控制权、政治等因素（沈艺峰、醋卫华、李培功，2011）。

### 6.1.2 关键股东持股变动动因

#### 6.1.2.1 关键股东减持动因

首先，高管减持比例的多少与公司业绩的好坏存在直接联系。高管不仅关注公司的经营业绩情况，更关注短期内能否实现减持套现和获取收益的目标。经济效益是高管减持的主要目的之一，尤其是资本利得套利的动机（路畅，2013）；实际控制人的减持动因，主要取决于上市公司发展前景和发展战略。实际控制人更关注公司的长远利益，通常依据股票价格的估值情况判断是否进行减持。与高管们减持行为相比，实际控制人的减持行为更为谨慎、合理。其次，无论是高管减持，还是实际控制人减持都会受到宏观环境和市场环境的影响。在经济状况较好的情况下，他们减持意愿均会下降。最后，企业估值水平对实际控制人和高管的回归系数显著，但是回归结果方向相反，存在着不同的影响。产生这种现象的原因是，由于实际控制人和高管所关注的侧重点不同。当公司估值持续下滑时，高管为满足自身利益的需要，往往会倾向于抛售股票，进行减持套现，以短期内换取更多的资金为目的。在一定程度上可以认为，高管的减持不可以作为企业估值高或者未来收益降低的信号。而实际控制人作为公司的所有者，他们更关注的是企业长期发展，实际控制人通常会选择在企业估值较高的情况下采取减持措施。

#### 6.1.2.2 关键股东增持动因研究

首先，公司估值水平是关键股东增持的主要动因之一。实际控制人的增持行为，不仅出于财务绩效的目标，有时候可能是为了稳定市场，增加二级市场投资者信心而采用的特殊措施（刘玉财，2013）。实证结果显示，高管增持的比例与账面市值比成反比，在1%的水平下显著负相关，账面市值比越低，高管增持本公司股份的动因越强。公司的实际估值情况也是高管判断增持与否的依据。当出现公司价值被市场低估的情况时，高管会倾向增持公司股份。尤其在股价下跌，出现公司股价低于其内在价值时，作为公司实际的经营管理者，他们会更清楚地意识到这一点，所以，高管会进行增持；实际控制人的增持行为与之类似。其次，公司财务绩效是高管增持的主要原因之一。净资产收益率越高，上市公司高管增持股份的动因也越强烈。在一定程度上，增持股份也显示出高管对公司未来经营情况和企业、行业发展的信心。最后，结果表明，实际控制人增持与控股能力、股权集中度具有显著的正向关系。为进一步巩固其控股地位，实际控制人增持公司股份的动因越强烈（杨庚熹，2012）。

# 6.2　政策建议

为保障创业板市场健康、稳定地发展，切实维护投资者的合法权益，结合以上的实证研究结果，归纳总结出以下几点建议：

## 6.2.1　监管部门

上市公司关键股东的增持、减持行为涉及股权变动等问题，这不仅对公司总体的运营状况和发展战略产生影响，也会对其他投资者的利益产生不良影响。鉴于此，相关部门应加大监管力度，加强对内部人员持股变动的监管，以约束市场的非理性行为，保障市场稳定运行。

### 6.2.1.1　完善法律法规，加强对关键股东持股行为的监管

健全的法律法规为资本市场提供良好的运营环境，有利于资本市场健康、有序地发展。同时，完善的法律法规可以更有效地监督关键股东的行为，保护广大中小股东的利益。虽然《中华人民共和国公司法》（以下简称《公司法》）《中华人民共和国证券法》（以下简称《证券法》）、《上市公司董事、监事和高级管理人员所持本公司股份及其变动管理规则》《创业板上市公司规范运作指引》和

《关于进一步规范创业板上市公司董事、监事和高级管理人员买卖本公司股票行为的通知》等相关的法律法规已经出台，但也存在一定的问题。在我国创业板上市公司中，大多数企业存在着一股独大的现象，股权集中度较高。中小股东所占份额比较少，他们在企业经营决策上没有投票的权利。这造成了大股东在经营决策时往往从自身利益最大化为出发点，致使中小股东利益受到一定损失等问题的出现。我们应加强对中小投资者相关利益的保护，其核心就是要建立、健全相关的法律法规，明确各主体的权利和义务及严格的惩戒措施等。只有这样，各项具体法律条款才能做到规范市场上关键股东的行为，切实做到有法可依、违法必究。在合法方式下，及时、准确披露关键股东增减持信息，以降低上市公司操纵盈余的可能性性，加大关键股东掏空上市企业的成本。因此，应当强化法律文件的执行力度，真正保护投资者利益，增强中小投资者信心（张光荣、曾勇，2006）。

### 6.2.1.2　制定严格的上市公司信息披露制度

大股东侵害中小股东和投资者的事情时有发生，根本原因在于信息不对称。目前，我国中小投资者只能通过上市公司披露的相关公告获取一些信息。监管部门应制定一系列规范准则，督查上市公司非会计信息披露，约束关键股东操控信息行为，应当完善信号传递机制，让信息更加公开化、透明化，降低中小投资者获取信息的成本，减少因不披露、少披露或者错披露的信息，避免二级市场股票价格出现大幅波动。同时应明确关键股东增持和减持的操作步骤，要求上市公司严格遵守规范准则，进一步提高关键股东持股变动透明度和真实性（米海霞，2008）。

### 6.2.1.3　严厉打击内幕交易

董事、监事、高级管理人员，公司的实际控制人及其董事、监事、高级管理人员为证券交易内幕信息的知情人（李秉成、陈锐轩，2011）。为维护中小投资者利益，监管部门应该加强打击力度，确保上市公司信息及时、准确披露，加强对内部人相关行为的监督、打击力度，保证证券市场的有效运行；加强对企业内部人利用内幕信息、操控交易行为的打击力度及对减持行为的制度约束。尤其是要加大对关键股东信息操控、内幕交易行为的惩罚力度，大大增加他们获取私有收益的成本。这有助于缓解企业内部人员减持对市场股票价格造成的巨大冲击，遏制关键股东利用自身优势获取内幕消息、操纵信息的行为。

#### 6.2.1.4　监管方法要具有一定针对性

根据关键股东特点，实行差异化监管，逐步拓宽监督渠道，其中最重要的是要加强对高管、实际控制人行为的监管。尤其关注高管的盲目投机性减持行为（张平，2006），逐步完善相关人员增持、减持的具体实施细则，进一步明确限售股解禁后单次减持股份的最高比例、总比例及频次，防止市场集中出现大规模减持行为。这在一定程度上可以解决或者减轻由于关键股东减持所带来的各种问题。

#### 6.2.1.5　进一步明确违规收益的处罚制度

从证券市场的总体来看，我国尚没有明确有关违规收益的处罚制度。对于离职的高管来说，因他们的减持行为所受到的负面影响，主要有公开的谴责和禁止入市等行政性处罚措施。很少涉及民事赔偿及刑事诉讼方面的处罚措施。在这种低成本的违规处罚下，与他们获得高额的收益相比，无法起到有效的警示作用。只有在加大处罚力度和大大提高违法成本，才能够真正地遏制他们的圈钱套利行为，起到有效保护中小投资者相关权益的目标。

#### 6.2.1.6　建立相互监督机制

联合债权人、投资者及利益相关者等主体对上市公司进行信用评级，促使上市公司相关信息的披露公开化、透明化。一定程度上可以增加关键股东获取控制权私有收益的成本，约束其非理性行为，进而保护相关者的合法权益。约束关键股东的非理性行为，保护利益相关者收益。同时，联合中介机构和新闻媒体，对出现关键股东违规操作的上市公司应该及时报道，降低该公司的信用等级。

### 6.2.2　投资者

各种行为的背后动因都存在一定的隐蔽性。在信息不对称的市场环境下，处于信息劣势的中小投资者识别关键股东持股行为背后的动因是非常困难的。通过第4章和第5章的理论研究和实证分析，得到了一些有益的结论，能够为广大投资者决策提供一定的参考。

与主板市场相比，创业板在制度、规则等方面具有一定差异，中小投资者面临的风险主要在于创新型企业经营的风险和股价大幅波动带来的损失。创业板是一个风险相对高的市场，对于中小投资者来说，应加强信息防范意识。在决定投资策略之前，广大的中小投资者应该深入分析，创业板上市公司的宏微观环境及其所面临的经营、技术等风险，树立审慎的投资理念。同时，投资者要有效地识别关键股东增持股份的行为。关键股东增持行为，可以被认为是上市公司传递出的积极信号。一定程度上可以认为这样的公司具有良好的发展前景，或关键股东增持股份能够提高公司绩效。这样的公司是比较理想的投资对象。但一定要对于那些持股比例较大的关键股东减持股份的行为有所警惕。可能为了圈钱套现，这样的关键股东采取减持行为的动因是比较强烈的（张光荣、曾勇，2006）。所以，投资者要合理提防关键股东的掏空行为。另外，投资者也应关注限售股解禁减持时机的问题。如果投资者持有已解禁，但还没有发售减持限售公司的股票时，应及时关注该公司的股票价格走势。如果公司股价长期处于较高水平，此时应警惕限售股股东，他们的大量减持会对二级市场的股票价格带来较大的冲击。实际控制人增持之后，公司的业绩会有所提升，但在信息不完全充分的条件下，实际控制人增持并不能完全当作投资者增持的信号。中小投资者应更加理性地看待实际控制人的增持或减持行为，充分了解各方面信息，区分对待实际控制人增减持行为，才能有效地避免投资风险的冲击。可以把投资者分为入市者和观望者两类。对已经持有某公司股票的入市者而言，若出现关键股东增持公告，投资者可以继续持有，以获取增持收益；若出现关键股东减持公告，持有股票的投资者可以选择在适当时机卖出，以减少投资的损失；对观望者来说，若发现某公司发布关键股东增持公告，可以考虑买入该公司股票，获取一定的潜在收益，但也不要盲目跟风，并不是每一次增持都能获利，投资者需要审时度势，做更仔细的判断（刘东霖、张俊瑞、祁睿华、李彬，2009）。总之上市公司的高管的增减持行为，具有一定的信号传递功能，投资者可以据此进行合理预估，做出准确判断。

### 6.2.3　上市公司

#### 6.2.3.1　完善公司治理制度

首先，规范关键股东交易行为，引导中小投资者理性投资。对于关键股东来说，要想维持股价或提升股票价格，需提高证券市场对企业的关注度。他们可以考虑在二级市场上增持公司股票的持有量。当然，关键股东在市场上减持时应当注意，他们的减持行为很有可能引起股价下滑，一定程度上会打，压投资者信心。因此，对估值偏低并且发展前景不理想的企业来说，如果是为满足流动性需要，或是优化股权结构而进行的减持行为，上市公司应在所发布的公司公告中，做出明确的说明，避免投资者的误解给上市公司带来负面的影响。如果高管减持的幅度过大，在优化股权结构和传递不良信号两种分析中，信号传递理论起着决定性的作用，此时，市场会认为大股东是急于套现，挫伤中小投资者信心，不利于公司的管理。其次，实际控制人可以轻松地进行盈余管理，主要原因是，他们担任公司的高管，掌控着公司未来发展的信息，把持着企业发展的命脉。所以，上市公司应严格执行《公司法》中有关公司治理的相关规定，积极实行职业经理人制度，防止实际控制人直接干预公司的经营管理行为，有效避免他们操纵盈余，侵占中小投资者的合法收益，真正实现企业所有权和控制权的分离。最后，加强对高管的约束和监督机制（唐英凯、周静、杨安华，2008）。当高管减持上市公司的股票时，二级市场上股票价格会出现下降。为防止高管利用内部信息操纵股价、牟取暴利收益现象的发生，上市公司应当充分发挥独立董事及监事的作用，发挥他们有效的督促作用，同时高管应该及时披露公司重大消息，一定程度上可以改善信息不对称的市场环境。只有这样，才能有效地保护利益相关者的合法权益，促使企业健康可持续发展。

### 6.2.3.2 优化股权结构

首先，针对我国创业板上市公司股权比较集中的这一现象，上市公司可以考虑并设定出合理持股区间，如最大持股比例的区间范围，尽量使股权分散化（林丽贞，2009）。其次，持股主体多元化。加大专业机构的持股比例，发挥机构投资者积极的治理作用，并形成与股东间的制衡格局，进而使股权结构更加合理化。对于追求个人财富最大化的高管减持行为，创业板上市公司可以考虑进一步完善股权激励制度（赵玉焕、叶资英，2012；杨松令、徐端、刘亭立，2012；张辉明、陈志广，2002），比如在巩固盈余管理监督的基础上，将高管的持股比例与公司业绩情况结合起来，从而使高管个人收益与公司长远发展更好地融合，这在一定程度上，可以削弱高管的短视性。

# 6.3　研究不足与展望

## 6.3.1　研究不足

尽管本书对创业板企业的关键股东持股变动效果及动因方面的研究得出一些有益结论,但是本书的研究论题仍然存在不足,有待今后更为深入地研究。

其一,在样本选取方面。本书研究主要针对的是创业板上市公司,因创业板块开板时间比较短,可供研究的样本量相对较少,因此,在对实际控制人持股变动效果进行研究时,未对样本进行企业生命周期的分类;在研究高管持股变动效果时,未对样本公司进行行业分类,有可能忽略了行业的特殊性。这在一定程度上,可能会影响结论的普遍性。

其二,在指标选取方面。在研究持股变动动因方面,尽可能搜集相关指标,以便分析出实际控制人和高管增持、减持的真实、全面的影响因素,但在研究设计的过程中,难免会遗漏一些因素,或者不能排除一些特别的因素,影响研究的结果及结论;在关于关键股东持股变动效果的分析中,本书只考察了关键股东增持、减持与公司绩效的关系,对其他方面的影响本书未做分析,如战略绩效等。本书未对担任高管的实际控制人增持、减持行为的动因进行研究,也没有分析其持股变动后的经济效果。

其三,在数据选取方面。实际控制人和高管的持股变动数据样本量较大,数据的搜集和整理工作复杂,大部分数据靠手工筛选取得,分别对实际控制人和高管的增持、减持等相关数据进行了统计,其中在搜集和整理数据的过程中,可能会出现相关纰漏和错误,这也会影响到本书的实证结论。

## 6.3.2　研究展望

关键股东的增减持行为,不仅影响企业自身的健康发展,也关乎整个证券市场的稳定。对该问题的研究是一个长期课题。为提高研究结果和结论的精度和可靠性，可以在本书研究的基础上，进一步拓宽和优化研究思路及方法。随着创业板市场的发展及相关政策的出台，可以做一些跟踪研究。在数据条件允许的情况下，可以试图将数据样本扩大，开展下一阶段的研究。

# 参考文献

［1］［美］伯利，米恩斯．现代公司与私有财产［M］.北京：商务印书馆，2007.

［2］［美］格林．计量经济分析（第五版）［M］.费剑平，译．北京：中国人民大学出版社，2007.

［3］白俊，王生年．经营者持股与公司业绩关系的研究［J］.财会月刊，2008（27）：3－5.

［4］蔡宁，魏明海．"大小非"减持中的盈余管理［J］.审计研究，2009（2）：40－49.

［5］曹国华，杜晶．上市公司不同类型股东的大小非减持动因探究——基于最优股权结构模型的研究［J］.南方金融，2011（10）：55－59.

［6］曹国华，章丹锋，林川．基于主成分分析的大非减持水平影响因素研究［J］.投资研究，2011（10）.

［7］曹国华，赵晰．基于BP神经网络的大非减持影响因素实证分析——以深交所上市公司为例［J］.软件学，2010（5）：129－134.

［8］曹露燕．股权结构与公司绩效的实证研究——基于内生性视角［D］.东华大学硕士学位论文，2013.

［9］曹明，陈收．股权分置改革中控股股东增持的股价表现及政策含义［J］.特区经济，2016（4）：17－19.

［10］曹廷求，杨秀丽，孙宇光．股权结构与公司绩效：度量方法和内生性［J］.经济研究，2007（10）：126－137.

［11］柴亚军，王志刚．股权分置改革后IPO抑价与大股东减持行为的实证研究［J］.管理学报，2012（2）：309－314.

［12］陈德萍，陈永圣．股权集中度、股权制衡度与公司绩效关系研究

2007 - 2009 年中小企业板块的实证检验 [J]. 会计研究，2011（3）．

[13] 陈登峰．股权激励中行权价的设计 [J].资本市场，2007（12）：54 - 55.

[14] 陈耿，杜烽，全流通条件下大股东增持股份的模型分析 [J].现代财经（天津财经大学学报），2012（2）：83 - 87.

[15] 陈静雯．大股东增持的行业内效的分析——基于中国上市公司的研究行业内效应分析 [D].上海交通大学硕士学位论文，2011.

[16] 陈立泰，田娟，杨睿．中国上市公司不同类型股东增持的市场效应 [J].上海金融，2013（3）：85 - 90.

[17] 陈圣霖．创业板公司管理层持股比例对公司价值影响的实证研究[D].江西财经大学硕士学位论文，2012.

[18] 陈宇辉．中小板上市公司高管减持信号传递效应研究 [D].华南理工大学硕士学位论文，2012.

[19] 崔磊．产业资本在 A 股市场增减持行为研究 [D]．上海交通大学硕士学位论文，2011.

[20] 丁平．董事会特征的跨期内生性研究——基于中国市场的实证分析 [D].复旦大学硕士学位论文，2008.

[21] 方天亮．大股东增持与公司股价短期波动的实证研究 [J].统计与决策，2010（12）：140 - 143.

[22] 方晓雄．跟随内部人交易能否带来超额收益——基于我国上市公司的实证分析 [J].教师教育学报，2010（3）：50 - 52.

[23] 房莉．上市公司的股权结构与公司绩效相关性研究 [D].北京邮电大学硕士学位论文，2013.

[24] 冯冰花，苏卫东．上市公司高管持股与经营绩效——基于平行数据的实证研究 [J].山东轻工业学院学报，2005（4）：49 - 52.

[25] 高峰，夏爱华．我国上市公司高管持股与企业绩效关系研究 [J].长沙理工大学学报（社会科学版），2008（2）：14 - 17.

[26] 高峰，夏爱华．我国上市公司高管持股与企业绩效关系探讨 [J].长沙理工大学学报，2008（2）：12 - 17.

[27] 高雷，宋顺林．管理人员持股与企业效绩 [J].财经研究，2007（3）：134 - 143.

［28］高明华．中国企业经营者行为内部制衡与经营绩效的相关性分析——以上市公司为例［J］.南开管理评论，2001（5）：6-13.

［29］葛杰．国有上市公司高管股权激励机制实证研究［J］.山西财政税务专科学校学报，2008（3）：17-20.

［30］顾斌，周立烨．我国上市公司股权激励实施效果的研究［J］.会计研究，2007（2）：79-84.

［31］郭繁．股权结构、公司投资与公司绩效——基于股权结构内生性的实证分析［J］.山东经济，2005（6）：108-112.

［32］韩亮亮．高管持股与企业价值［J］.南开管理评论，2006（4）：35-41.

［33］郝云宏，周翼翔．基于内生性视角的股权结构与公司绩效关系研究［J］.商业经济与管理，2010（6）：32-39.

［34］何瑛，李娇，黄洁．上市公司股份回购的内在特质、经济后果与管理反应［J］.经济与管理研究，2014（11）：55-62.

［35］胡国柳，蒋国洲．股权结构、公司治理与企业业绩——来自中国上市公司的新证据［J］.财贸研究，2004（4）：83-89.

［36］黄杰，王宗军．第一大股东持股比例与公司业绩的关系研究［J］.华东经济管理，2007（2）：26-30.

［37］黄小花．管理层收购与上市公司治理绩效研究［J］.财经理论与实践，2004（1）：52-57.

［38］黄之骏．经营者股权激励与企业价值：基于内生性视角的理论分析与经验证据［D］.暨南大学博士学位论文，2006.

［39］黄志忠，周炜，谢文丽．大股东减持股份的动因：理论和证据［J］.经济评论，2009（6）：67-73.

［40］姜仁荣．熊市背景下上市公司大股东股份增持的实证研究［D］.浙江工商大学硕士学位论文，2010.

［41］姜硕，刘旭．上市公司控制权配置与绩效关系研究［J］.中国管理信息化，2008（2）：25-27.

［42］姜英兵，张晓丽．上市公司大股东增持的市场时机选择能力及其影响因素研究［J］.经济管理，2013（12）：88-99.

[43] 姜兆军．"大小非"减持中的盈余管理研究［D］．山东大学硕士学位论文，2010．

[44] 蒋文定，冯根福，黄建山．我国上市公司高管持股角色绩效影响的实证分析［J］．宏观经济研究，2012（4）：54－59．

[45] 靳云汇，金赛男．高级计量经济学［M］．北京：北京大学出版社，2007．

[46] 隽娟．管理层持股与经营绩效的实证研究：来自深市的经验证据［J］．市场论坛，2007（2）：64－66．

[47] 康轶．上市公司控股股东增持动因［J］．技术经济，2012（11）：110－114．

[48] 郎香香，李常青．上市公司股权再融资择机行为研究——定价择机、需求量择机与政策择机［J］．证券市场导报，2013（7）：22－30．

[49] 乐琦．中国企业管理集团股权激励［J］．商业经济与管理，2009（4）：29－37．

[50] 李秉成，陈锐轩．汉王科技信息披露与高管减持分析［J］．财务与会计，2011（11）：41－43．

[51] 李丹蒙．金字塔控股结构与公司透明度［J］．经济评论，2008（3）：71－77．

[52] 李汉军，张俊喜．上市企业治理与绩效间的内生性程度［J］．管理世界，2006（5）：121－127．

[53] 李锦文．我国创业板高管减持研究［D］．复旦大学硕士学位论文，2011．

[54] 李俊峰，王汀汀，张太原．上市公司大股东增持公告效应及动因分析［J］．中国社会科学，2011（4）：95－110．

[55] 李善民．控制权和现金流权的分离与上市公司绩效［J］．中山大学学报，2006（6）：83－91．

[56] 李维安，李汉军．股权结构、高管持股与公司绩效——来自民营上市公司的证据［J］．南开管理评论，2006（5）：4－10．

[57] 李维安，李慧聪．高管减持与公司治理创业板公司成长的影响机制研究［J］．管理科学，2013（4）：1－2．

[58] 李增泉．激励机制与企业绩效——一项基于上市公司的实证研究 [J]．会计研究．2000（1）：24 – 30.

[59] 林丽贞．我国上市公司大股东减持的市场反应及其对上市公司经营绩效的影响研究 [D].厦门大学硕士学位论文，2009.

[60] 林娜．上市大股东增持公告的市场反应和影响因素分析 [D].复旦大学硕士学位论文，2011.

[61] 刘东霖，张俊瑞，祁睿华，李彬．股票回购市场反应的影响因素探析 [J].西安交通大学学报（社会科学版），2009（5）：41 – 48.

[62] 刘国亮，王加胜．上市公司股权结构 [J].经济理论与经济管理，2000（5）：40 – 45.

[63] 刘剑，谭传生．管理层持股与公司绩效 [J]．中国软科学，2005（10）：112 – 119.

[64] 刘锦红．控制权、现金流权与公司绩效——基于中国民营上市公司的分析 [J].财经科学，2009（5）：64 – 71.

[65] 刘娜．上市公司大股东增持的市场效应及动因分析——来自沪深 A 股的经验证据 [J].西部金融，2013（9）：64 – 68.

[66] 刘亚莉．大股东减持、股权转让溢价与控制权私利 [J].经济问题探索，2010（8）：92 – 98.

[67] 刘永春．上市公司管理层股权激励与公司绩效研究 [J].重庆工学院学报，2007（16）：23 – 27.

[68] 刘玉财．我国上市公司大股东增持的发展特征与市场意义研究 [J].中国证券期货，2012（1）：17 – 18.

[69] 刘振斌．中国上市公司高管股份增减持的市场效应研究 [D].西南财经大学硕士学位论文，2012.

[70] 楼瑛，姚铮．财政效绩与上市大股东减持关系的研究 [J].经济论坛，2008（12）：115 – 117.

[71] 鲁桂华．限售股的减持动因和市场反应透析 [J].财务与会计，2007（14）：27 – 29.

[72] 路畅．上市公司高管减持行为的动因及市场反应分析 [J].经管空间，2013（12）：28 – 29.

[73] 罗琦, 贺娟. 股票市场错误定价与控股股东投融资决策 [J]. 经济管理, 2015 (1): 109 - 118.

[74] 骆铭民, 蔡吉甫. 内部人持股与公司治理效率关系研究 [J]. 当代经济管理, 2005 (4): 72 - 77.

[75] 骆振心, 杜亚斌. 股权结构与公司绩效关系的再考量: 内生化视角——来自中国 A 股上市公司的经验证据 [J]. 经济与管理研究, 2008 (9): 14 - 23.

[76] 马超. 股权激励对公司价值的影响因素研究 [J]. 数学的实践与认识, 2013 (8): 1 - 7.

[77] 马海霞. 中国上市公司股权激励的效应分析 [J]. 金融经济, 2008 (12): 10 - 11.

[78] 马磊, 辛立国. 内部人持股与企业价值 [J]. 产业经济评论, 2008 (4): 105 - 123.

[79] 马明, 运怀立. 我国上市公司股份回购市场效应的统计分析 [J]. 现代财经, 2009 (4): 22 - 27.

[80] 毛世平, 吴敬学. 金字塔结构控制与公司价值——来自于中国资本市场的经验证据 [J]. 经济管理, 2008 (14): 33 - 44.

[81] 孟海霞, 卢子敏. 上市公司大股东增减持行为研究 [J]. 经济丛林, 2011 (12): 242 - 242.

[82] 米海霞. 中国上市公司股权激励的效应分析 [J]. 金融经济, 2008 (12): 10 - 11.

[83] 彭峥. 内部人持股与企业价值[J]. 市场周刊, 2009 (1): 8 - 9.

[84] 秦殿军. 股权激励效应的统计分析 [J]. 科技和产业, 2004 (1): 23 - 25.

[85] 邱世明, 张继东. 创业板股份满月减持的公司特征研究 [J]. 财会通讯, 2012 (8): 43 - 45.

[86] 冉茂盛, 贺创, 罗富碧. 管理层持股水平与公司绩效的 N 形关系研究 [J]. 经济体制改革, 2008 (2): 57 - 61.

[87] 邵建. 我国通货膨胀影响因素的实证研究 [J]. 经济研究导刊, 2013 (6): 10 - 11.

［88］邵帅．实际控制人直接持股可以提升公司价值吗——来自中国民营上市公司的证据［J］．管理世界，2015（5）：134－146.

［89］申明浩，苏晓华．管理层融资收购与股权激励的实证研究［J］．山西财经大学学报，2007（1）：80－84.

［90］沈冰，郭粤，傅李洋．中国股票市场内幕交易影响因素的实证研究［J］．财经问题研究，2013（4）：54－61.

［91］沈艺峰，醋卫华，李培功．增持股份：财务动机还是政治动机？［J］．会计研究，2011（1）：52－59.

［92］沈艺峰，江伟．资本结构、所有权结构与公司价值关系研究［J］．管理评论，2007（11）：49－54.

［93］石水平．控制权转移、超控制权与大股东利益侵占——来自上市公司高管变更的经验证据［J］．金融研究，2010（4）：160－176.

［94］宋建波，王晓玲．上市公司控制权转移绩效及其影响因素研究［J］．财经问题研究，2008（6）：60－65.

［95］宋敏，张俊喜，李春涛．股权结构的陷阱［J］．南开管理评论，2004，（1）：9－23.

［96］宋献中，罗宏．高级管理层持股［J］．管理现代化，2004（3）：46－49.

［97］宋秀慧，林晚发．宏观环境、股票市场与企业债务成本的关系研究［J］．技术经济与管理研究，2016（5）：16－20.

［98］宋增基，徐叶琴．股权制衡、管理层持股与公司效绩［J］．生产力究，2007（17）：39－41.

［99］宋增基，张宗益，朱健．上市公司经营者股权激励的影响分析［J］．管理评论，2005（3）：3－8.

［100］苏启林，朱文．上市公司家族控制与企业价值［J］．经济研究，2003（8）：36－45.

［101］苏卫东，冯冰花．上市公司高管与经营绩效［J］．齐鲁工业大学学报，2005（4）：49－52.

［102］孙超，新夫，全怡．股权分置改革对大股东增持行为影响［J］．财会通讯，2014（15）：41－44.

［103］孙海发，姚振华，严茂胜．高管团队人口统计特征对纺织和信息技术公司经营绩效的影响［J］．南开管理评论，2006（6）：61 - 67.

［104］孙建国，胡朝霞．中小企业板上市公司股权机构、公司治理与企业效绩：基于随机前沿生产函数的分析［J］．投资研究，2012（1）：110 - 122.

［105］孙霈，刘芍佳，刘乃全．终极产权论、股权结构及公司绩效［J］．经济研究，2003（4）：51 - 62.

［106］孙鑫．大股东增持行为对我国股票价格短期影响的实证研究［D］．东北财经大学硕士学位论文，2011.

［107］孙永祥，黄祖辉．上市公司的股权机构与效绩［J］．经济研究，1999（12）：23 - 30.

［108］谭庆美，吴金克．管理层持股与中小上市公司企业绩效［J］．山西财经大学学报，2011（2）：92 - 99.

［109］唐松，温德尔，赵良玉，刘玉．大股东增持的动因与效应研究［J］．财经研究，2014（12）：4 - 14.

［110］唐英凯，周静，杨安华．上市公司薪酬激励与股权激励的有效性研究［J］．统计与决策，2008（20）：138 - 140.

［111］童晶骏．关于我国上市公司股权激励效应的实证分析［J］．理论探讨，2003（5）：48 - 51.

［112］王华，黄之骏．经营者股权激励、董事会组成与企业价值——基于内生性视角的经验分析［J］．管理世界，2006（9）：101 - 116.

［113］王建文，葛磊．上市大股东增持与公司业绩的实证研究［J］．合肥工业大学学报，2011（3）：9 - 13.

［114］王建文，李蓓．重要股东增减持行为市场效应及其影响因素分析［J］．财会月刊，2012（8）：9 - 12.

［115］王鹏，王建文．我国上市公司大股东增持的短期市场效应和长期公司绩效［J］．合肥工业大学学报，2011（12）：23 - 33.

［116］王雄元，张鹏．信息披露与内部人股票交易获利策略——以六起内部人股票交易为基础的案例研究［J］．管理案例，2005（5）：89 - 93.

［117］魏刚，杨乃鸽．高级管理层激励与经营绩效关系的实证研究［J］．证券市场报，2000（3）：19 - 29.

[118] 吴敏晓. 大股东行为研究：文献综述[J]. 经济论坛，2008（23）：123 – 126.

[119] 吴淑昆. 股权机构与公司效绩的 U 形关系研究 [J]. 中国工业经济，2002（1）：80 – 87.

[120] 吴育辉，吴世农. 股票减持过程中的大股东掏空行为研究 [J]. 中国工业经济，2010（5）：121 – 130.

[121] 伍德里奇. 计量经济学导论：现代观点（第 4 版）[M]. 北京：清华大学出版社，2009.

[122] 习艳平. 管理层激励与公司价值的实证研究 [J]. 中国证券期货，2012（1）：60.

[123] 夏立军，方轶强. 上市公司收购的财富效应：基于信号理论和效率理论的解释 [J]. 中国会计与财务研究，2005（2）：1 – 49.

[124] 谢飞. 我国上市公司大股东增持、减持动因及市场效应研究 [D]. 江西财经大学硕士学位论文，2013.

[125] 谢军. 第一大股东，股权集中度和公司绩效 [J]. 经济评论，2006（1）：70 – 97.

[126] 辛清泉，林斌，王彦超. 政府控制、经理薪酬与资本投资 [J]. 经济研究，2007（8）：110 – 122.

[127] 徐承明，濮卫东. 内部人持股与上市公司效绩研究 [J]. 数量经济技术经济研究，2003（11）：123 – 126.

[128] 徐大伟. 管理层持股比例与公司绩效关系的实证研究 [J]. 管理科学，2005（4）：40 – 47.

[129] 徐二明，王智慧. 我国上市公司治理结构与战略效绩的相关性研究 [J]. 南开管理评论，2000（4）：4 – 14.

[130] 徐莉萍，辛宇，陈工孟. 股权集中度和股权制衡及其对公司经营绩效的影响 [J]. 经济研究，2006（1）：90 – 100.

[131] 徐萌娜，周生春. 民营上市公司控制权私有收益影响因素的实证分析——兼论股权分置改革的长期绩效 [J]. 浙江社会科学，2011（10）：11 – 20.

[132] 许可，郭炜. 我国股市大小非减持因素影响的实证分析 [J]. 武汉理工大学学报，2011（1）：140 – 144.

[133] 颜士超．上市公司股权激励对公司经营业绩影响的实证研究——以山东省上市公司为例 [J]．经济论坛，2008 (3)：123 – 125．

[134] 杨庚熹．全流通背景下控股股东增减持行为与效绩关系研究 [D]．西南财经大学硕士学位论文，2012．

[135] 杨倩倩．上市公司大股东减持行为研究 [J]．洛阳理工学院学报，2011 (3)：49 – 53．

[136] 杨松令，徐端，刘亭立．创业板上市公司高管减持的现状及特征分析 [J]．会计之友，2012 (11)：85 – 86．

[137] 杨召．上市公司内部人增持行为的实证研究 [J]．生产力研究，2012 (11)：85 – 87．

[138] 杨智杰，蔡吉甫．控制权性质、管理层持股与公司治理效率 [J]．产业经济研究，2005 (3)：16 – 22．

[139] 叶建芳，陈潇．我国高管持股对企业价值的影响 [J]．财经问题研究，2008 (3)：101 – 108．

[140] 尤华，刘容．大股东增持的市场效应研究 [J]．财会月刊，2013 (24)：18 – 21．

[141] 于东智，谷立日．上市公司管理层持股的激励效用及影响因素 [J]．经济理论与经济管理，2001 (9)：24 – 30．

[142] 于东智．公司的领导权结构与经营效绩 [J]．中国工业经济，2008 (2)：72 – 78．

[143] 于东智．公司治理 [M]．北京：中国人民大学出版社，2005：32 – 38．

[144] 于海林．上市高管增减持行为研究 [J]．中国注册会计师，2012 (9)：60 – 67．

[145] 于海云，王则斌．财务绩效、大股东控股能力与大股东增持行为——来自我国沪深股市大股东增持的经验证据 [J]．财会通讯，2010 (33)：72 – 74．

[146] 余明桂，夏新平．控股股东、代理问题与关联交易：对中国上市公司的实证研究 [J]．南开管理评论，2004 (6)：33 – 38．

[147] 俞鸿琳．国有上市公司管理者股权激励效应的实证检验 [J]．经济科学，2006 (1)：108 – 116．

［148］袁燕．上市公司实际数据的股权激励与公司效绩关系研究［J］．当代经济，2007（12）：12 - 13.

［149］袁渊．大股东减持影响因素的理论和实证分析［J］．中国会计评论，2010（4）：465 - 483.

［150］袁志忠，朱多才．上市公司高管持股比例与公司绩效相关性研究［J］．财会通讯，2010（18）：45 - 47.

［151］曾庆生．公司内部人具有交易时机的选择能力吗——来自中国上市公司内部人卖出股票的证据［J］．金融研究，2008（10）：117 - 135.

［152］张纯，方平．我国民营上市公司股权结构与绩效［J］．上海大学学报（社会科学版），2009（2）：90 - 105.

［153］张翠萍．上海市上市公司资本结构与公司业绩的实证研究［J］．市场论坛，2004（1）：113 - 114.

［154］张大勇，傅利平．基于股份减持中的大股东隧道行为实证研究［J］．财经理论与实践，2011，32（5）：39 - 43.

［155］张冬冬，卢新生．上市公司管理层持股和公司价值关系研究［J］．财会通讯，2011（15）．

［156］张光荣，曾勇．大股东的支撑行为与隧道行为［J］．管理世界，2006（8）：126 - 135.

［157］张辉明，陈志广．高级管理人员激励与企业效绩［J］．世界经济文汇，2002（4）：29 - 37.

［158］张菊香．基于动因视角的盈余管理文献综述［J］．审计与经济研究，2007（6）：60 - 65.

［159］张鸣，郭思永．高管薪酬利益驱动下的企业并购——来自中国上市公司的经验证据［J］．财经研究，2007（12）：103 - 113.

［160］张平．高层管理团队异质性与企业绩效关系研究［J］．管理评论，2006（5）：56 - 59.

［161］张祥建，郭岚．大股东控制与盈余管理行为研究：来自配股公司的证据［J］．南方经济，2006（1）：72 - 85.

［162］张小宁．经营者报酬、员工持股与上市公司绩效分析［J］．世界经济，2002（10）：57 - 64.

［163］张馨艺．高管持股、择时纰漏与市场反应［J］.会计研究，2012（6）：34－42.

［164］张学勇，张雷妮，陈欢，钟弥嘉．中国上市公司控制权价值多少？——基于全流通时代的经验证据［J］.投资研究，2013（11）：46－59.

［165］张颖．大股东减持与盈余管理［J］.经济研究导刊，2011（28）：86－89.

［166］张宗益，宋增基．上市公司股权结构与公司绩效实证研究［J］.数量经济技术经济研究，2003（1）.18－27.

［167］赵翠．我国上市公司交叉持股的现状分析及启示［J］.河北经贸大学学报，2012（1）：59－64.

［168］赵雪琴．中国上市公司股权机构与公司业绩关系［J］.世界经济交汇，2002（6）：38－49.

［169］赵艳艳，王怀明．高级管理层激励与上市公司业绩的关系［J］.南京农业大学学报（社会科学版），2006（4）：29－34.

［170］赵玉焕，叶资英．创业板高管减持对股市影响的实证研究［J］.对外经贸，2012（10）：99－101.

［171］朱茶芬．信息优势，波动风险与大股东的选择性减持行为［J］.浙江大学学报，2010（2）：164－173.

［172］Aggarwal, R., Erel, I., Ferreira, M., Matos, P. Does Governance Travel around the World? Evidence from Institutional Investors［J］. Journal of Financial Economics, 2011, 100（1）：154－181.

［173］Aktas, N., Bodt, E., Riachi, l., Smedt, J. Legal Insider Trading and Stock Market Reaction：Evidence fromthe Nether lands［C］. Ecore Discussion Paper, 2007, 87.

［174］Almazan, A., Hartzell, J. C., Starks, L. T. Active Institutional Shareholders and Costs of Monitoring：Evidence from Executive Compensation［J］. Financial Management, 2005, 34（4）：5－34.

［175］Amason, A. C., Sapienza, H. J. The Effeets of top Management Team Size and Interac－tion Norms on Cognitive and Affective Conflict［J］. Joumal of Management, 1997, 23（4）：495－516.

［176］Anderson, R. C., Reeb, D. M. Founding – Family Ownership and Firm Performance: Evidence from the S&P 500 ［J］. The Journal of Finace, 2003, 58 (3): 28.

［177］Andrel Shelfer and Robert W. Vishny. Large Shareholders and Corporate Control ［J］. Journal of Political Economy, 1986, 94: 461 – 488.

［178］Andriosopoulos, D. and Hoque. H. "The Determinants of Share Repurchases in Europe" ［J］. International Review of Fi – nancial Analysis, 2013, 6 (27): 65 – 76.

［179］Arellano, M. and Bond, S. Some Tests of Specification for Panel Data: Monte Carlo Evidence and Application and an Application to Employment Equatins ［J］. Review of Economic Studies, 1991 (2): 277 – 297.

［180］Aussenegg, W., Ranzi, R. Corporate lnsider Tradingand the Short – Run Price lmpact of Private lnforma – tion in Continental Europe ［EB/OL］. http: //ssrn. com/abstract = 1265772, 2008 – 09.

［181］Baker, M. Wurgler, J. Markettiming and Capita l Struct ure ［J］. Journa l of Finance, 2002 (5): 1 – 32.

［182］Barth, M. E. and Kasznik, R. "Share Repurchases and Intangible Assets" ［J］. Journal of Accounting & Economics, 1999, 28 (2): 211 – 241.

［183］Beneish, D. lncentives and Penalties related to Earnings Overstatements that Violate Gaap ［J］. Accounting Review, 1999, 74 (4): 121 – 132.

［184］Bennedsen, Morten, Daniel, Wolfenzon. The Balance of Power in Closely Held Corporation ［J］. Journal of Financial Economics, 2000 (58): 21 – 43.

［185］Bhagat, S. and Bolton, B. Corporate Governance and Firm Performance ［J］. Journal of Corporate Finance, 2008, 14 (3): 257 – 273.

［186］Blundell, R., Bond, S. Initial Conditions and Mnment Restrictions in Dynarnic Panel Data Models ［J］. Journal of Econometrics, 1998 (1): 115 – 143.

［187］Brio, D., Mi guel, A., Perote, J. An Investigation of Insider Trading Profits in the Spanish Stock Market ［J］. Quarterly Review of Economics and Finance, 2002, 42 (1): 231 – 252.

［188］Bushee, B. J., Goodman, T. H. Which Institutional Investors Trade

Based on Private Information About, Earnings and Returns? [J]. Journal of Accounting Research, 2007, 45 (2): 289 - 321.

[189] Bushee, B. J. Do Institutional Investors Prefer Near - Term Earnings over Long - Run Value? [J]. Contemporary Accounting Research, 2001, 18 (2): 207 - 246.

[190] Bushee, B. J. The Influence of Institutional Investors on Myopic R&D Investment Behavior [J]. The Accounting Review, 1998, 73 (3): 305 - 333.

[191] C laessens, S. , Djankov, S. , Lang. The Separation of Ownership and Control in East Asian Corporations [J]. Journal of Financial Economics, 2000 (8): 81 - 112.

[192] Cao, C. , Field, L. C. , Hanka, G. R. Does Insider Trading Impair Market Liquidity? Evidence from IPO Lockup Expirations [J]. The Journal of Finance, 2005, 8 (1): 243 - 283.

[193] Chang, S. , David Suk. Stock Prices and Secondary Disse mination of Information: The Wall Street Journa l' s' Insider Spotlight' C olumn [J] . Financial Review, 1998 (4): 115 - 128.

[194] Chank, Lkenberry D. , LeeL. Economic Sources of Gainin Stock Repurchases [J]. Journal of Fonancial and Quantitative Analysis, 2004 (39): 461 - 479.

[195] Chen, T. Y. , Kao, L. J. and Lin, H. Y. , "The Long - Term Wealth Effect of Share Repurchases Evidence from Taiwan" [J]. TheInternational Journal of Business and Finance Research, 2011, 5 (5): 21 - 33.

[196] Chen, X. , Harford, J. , Li, K. Monitoring: Which Institutions Matter? [J]. Journal of Financial Economics, 2007, 86 (2): 279 - 305.

[197] Cheung, W. K. A. and Wei, K. C. J. Insider Ownership and Corporate Performance: Evidence from the Adjustment Cost Approach [J]. Journal of Corporate Finance, 2006, 12 (5): 906 - 925.

[198] Chi, J. X. Understanding the Endogeneity between Firm Value and Shareholder Rights [J]. Financial Management, 2005, 34 (4): 65 - 76.

[199] Claessens, S. , Lang, L. H. The Separation of Ownership and Control in East Asian Corporations [J]. Journal of Economics, 2000 (10): 178 - 197.

［200］ Classens, S. , Djankov, S. , Djankov, S. , Fan, J. , Lang L. Disentang – ling the lncentive and Economicsent Effects of Large Shareholdings ［J］. Journal of Finance, 2002, 57 (6): 2741 – 2771.

［201］ Cornett, M. M. , Marcus, A. J. , Saunders, A. , Tehranian, H. The Impact of Institutional Ownership on Corporate Operating Performance ［J］. Journal of Banking and Finance, 2007, 31 (6): 1771 – 1794.

［202］ Cui, H. and Mak, Y. T. The Relationship between Managerial Ownership and Firm Performance in High R&D Firms ［J］. Journal of Corporate Finance, 2002, 8 (4): 313 – 336.

［203］ Davis, G. , Kim, E. H. Business Ties and Proxy Voting by Mutual Funds ［J］. Journal of Financial Economics, 2007, 85 (2): 552 – 570.

［204］ Del Guercio, D. , Hawkins, J. The Motivation and Impact of Pension Fund Activism ［J］. Journal of Financial Economics, 1999, 52 (3): 293 – 340.

［205］ Del Guercio, D. , Seery, L. , Woidtke, T. Do Boards Pay Attention When Institutional Investor Activists "Just Vote No"? ［J］. Journal of Financial Economics, 2008, 90 (1): 84 – 103.

［206］ Demsetz, Harold, Kenneth Lehn. The Structure of Corporate Ownership: Cause and Consequences ［J］. Journal of Political Economy, 2001 (12): 155 – 177.

［207］ Demsetz, H. and Villalonga, B. Ownership Structure and Corporate Performance ［J］. Journal of Corporate Finance, 2001, 7 (3): 209 – 233.

［208］ Demsetz, H. and Villaonga, B. Ownership Structure and Corporate Performance ［J］. Journal of Corporate Finance, 2001, 7 (3): 209 – 233.

［209］ Demsetz, H. The Structure of Ownership and the Theory of Firm ［J］. Journal of Law and Economics, 1983, 26 (2): 375 – 382.

［210］ Dittmar. Why Do Firms Repurchase Stock? ［J］. Journal of Business, 2000 (12): 331 – 355.

［211］ Drakos, A. A. and Bekiris, F. V. Corporate Performance, Managerial Ownership and Endogeneity: A Simultaneous Equations Analysis for the Athens Stock Exchange ［J］. Research in International Business and Finance, 2010, 24 (1): 24 – 38.

［212］ Duggal, R. , Millar, J. A. Institutional Ownership and Firm Performance:

The Case of Bidder Returns [J]. Journal of Corporate Finance, 1999, 5 (2): 103 – 117.

[213] Durnev. Han Kim. To Stealor Not to Steal: Firm Attributes, Legal Environment, and Valuation [J]. Journal of Finance, 2005 (9): 231 – 238.

[214] Dyck, Alexander and Luigi Zingales. Private Benefits of Control: An International Comparisons [J]. Journal of Finance, 2004 (59): 537 – 600.

[215] Dyck, A., Zingales, L. Private Benefits of Control: An International Comparison [J]. Journal of Finace, 2004, 59 (2), 32 – 45.

[216] Easton, Peter D., Harris, Trevor S. Earnings as an Explanatory Variable for Returns [J]. Journal of Accounting Research, 1991, 29 (1): 19 – 36.

[217] Edward Lee, Martin Walker, Cheng Zeng. Do Chinese Government Subsidies Affect Firm Value? [J]. Accounting, Organizations and Society, 2014, 39 (3): 149 – 169.

[218] Elyasiani, E., Jia, J. Distribution of Institutional Ownership and Corporate Firm Performance [J]. Journal of Banking & Finance, 2010, 34 (3): 606 – 620.

[219] Elyasiani, E., Jia, J. Institutional Ownership Stability and BHC Performance [J]. Journal of Banking & Finance, 2008, 32 (9): 1767 – 1781.

[220] Faceio, M. and L. H. P., Lang. The Ultimate Ownership of Western European Corporations [J]. Journal of Financial Economics, 2002, 65 (3): 365 – 395.

[221] Fahlenbrach, R. and Stulz, R. M. Managerial Ownership Dynamics and Firm Value [J]. Journal of Financial Economics, 2009, 92 (3): 342 – 361.

[222] Fama, E., M., Jensen. Agency Problem and Residual Claims [J]. Journal of Law and Economics, 1983, 26 (2): 327 – 349.

[223] Farooque, O. A., Zijl, T. V., Dunstan, K., et al. Corporate Governance in Bangladesh Link between Ownership and Financial Performance [J]. Corporate Governance, 2007, 15 (6): 1453 – 1468.

[224] Finkelstein, S., Hambrick, D., Chief Exccutive Compensation: A study of the Intersection of Markets and Political Processes [J]. Strategic Managerment Journal, 1998 (10): 121 – 134.

[225] Friedman, E., Johnson, S., Mitton, T. Propping and Tunneling [J].

Journal of Comparative Economics, 2003, (31): 732 – 750.

[226] Gaspar, J. M., Massa, M., Matos, P. Shareholder Investment Horizons and the Market for Corporate Control [J]. Journal of Financial Economics, 2005, 76 (1): 135 – 165.

[227] Gillan, S. L., Starks, L. T. Corporate Governance Proposals and Shareholder Activism: the Role of Institutional Investors [J]. Journal of Financial Economics, 2000, 57 (2): 275 – 305.

[228] Gillan, S. L., Starks, L. T. The Evolution of Shareholder Activism in the United States [J]. Journal of Applied Corporate Finance, 2007, 19 (1): 55 – 73.

[229] GL Zhang, Li Xiao – Jian, Study on Effects of Institutional Investors' Shareholding Ratio on Listed Agricultural Companies' Performance [J]. Journal of Northwest A&F University (Social Science Edition), 2014 (5): 132 – 179.

[230] Grullon, G., Michaely, R. The in for Mation Content of Share Repurchase Programs [J]. Journal of Finance, 2004, 59: 651 – 680.

[231] Grullon, Michaely. The Information Content of Share Repurchase programs [J]. Journl of Finance, 2004 (52): 115 – 143.

[232] Harris, M. and Raviv, A. A Theory of Board Control and Size [J]. Review of Financial Studies, 2008, 21 (4): 1797 – 1832.

[233] Hartzell, J. C., Starks, L. T. Institutional Investors and Executive Compensation [J]. Journal of Finance, 2003, 58 (6): 2351 – 2374.

[234] Hertzel, Jaln. Earnings and Risk changes aroundstock Repurchase Tender offers [J]. Journal of Account – ing and Economics, 1991, 14: 253 – 274.

[235] Himmelberg, C. P., Hubbard, R. G. and Palia, D. Understanding the Determinants of Managerial Ownership and the Link between Ownership and Performance [J]. Journal of Financial Economics, 1999, 53 (3): 353 – 384.

[236] Holderness, Clifford G. Asurvey of Blockholders and Corporate Control [J]. Economic Policy Review, 2003, 9 (2): 51 – 64.

[237] Holderness, C. A Survey of Blockholders and Corporate Control [C]. Federal Reserve Band of New York Economic Policy Review, 2003 (9): 56 – 82.

[238] Hu, Y. and Izumida, S. Ownership Concentration and Corporate Perform-

ance: A Causal Analysis with Japanese Panel Data [J]. Corporate Governance, 2008, 16 (4): 342 –358.

[239] Hyderabard R. L. Price Performance Following Share Buyback Announcements in India [J]. The Journal of Business Perspective, 2009, 1 (13): 59 –78.

[240] Isagawa. Open – Market Stock Repurchase and Stock Price Behavior When Management Values Real Investment [J]. The Financial Review, 2000 (12): 38, 95 – 98.

[241] Jagannathan, M., and Stephens C, P. Motives for Multiple Open Market Repurchase Programs [J]. Financial Management, 2003, 3 (32): 71 –91.

[242] Jan Bena, Hernán Ortiz – Molina. Pyramidal Ownership and the Creation of New Firms [J]. Journal of Financial Economics, 2013, 108 (3): 798 –821.

[243] Jensen, M. and Meckling, W. Theory of the Firm: Managerial Behavior, Agency Costs, and Ownership Structure [J]. Journal of Financial Economics, 1976 (3): 305 –360.

[244] Jensen, M. C. Agency Costs of Free Cash Flow, Corporate Finance and Takeovers [J]. American Economic Review, 1986 (76): 323 –329.

[245] Kaul, Aditya, Vikas Mehrotra and Randal Morck. Demand Curves for Stocks do Slope Down: New Evidence from an Index Weights Adjustment [J]. Journal of Finance, 2000 (46), 1532 –1536.

[246] Ke, Bin, Huddart, Steven. Whatins Idersknow about Future Earnings and how they use it: Evidence from Insider Trades [J]. Journal of Financial Research, 2003 (12): 145 –150.

[247] ke, B., Huddart, S., Petroni K. What Insidersknow about Future Earnings and How They Use it: Evidence from Insider Trades [J]. Journal of Ac – counting and Economics, 2003, 35 (3): 143 –175.

[248] Kyriacou K. K. B. Luintel and B. Mase. Private Information in Executive Stock Option Trades Evidence of Insider Trading in the UK [J]. Economica, 2010 (77): 751 –774.

[249] La Porta etc. Investor Protection and Corporate Governance [J]. Journal of Financial Economics, 2000 (58): 3 –27.

［250］Loughran，Tim and Jay R. Ritter. Why Has IPO Underpricing Changed Over Time? ［J］. Financial Management，2004，33（3）：5 – 37.

［251］M. Bigelli，J. Sánchez – Vidall. Cash holdings in private firms ［J］. Journal of Banking and Finance，2011，36（1）：26 – 35.

［252］Manconi，A. ，Massa，M. ，Yasuda，A. The Role of Institutional Investors in Propagating the Crisis of 2007 ~ 2008 ［J］. Journal of Financial Economics，Forthcoming，2012，21（2）：291 – 312.

［253］Matthew，D. Hill，Kathleen P. Fuller，G. Wayne Kelly，Jim，O. Washam. Corporate Cash Holdings and Political Connections ［J］. Review of Quantitative Finance and Accounting，2014（1）.

［254］Mc Connell，J. J. ，Servaes，H. Additional Evidence on Equity Ownership and Corporate Value ［J］. Journal of Financial Economics，1990，27（2）：595 – 612.

［255］Mcnally，W. Open Market Stock Repurchase Signaling ［J］. Financial Management，1999，28：55 – 67.

［256］Mitchell，J. D. and Dharmawan，G. V. Incentives for On – market Buy – backs：Evidence from a Transparent Buy – back Re – gime ［J］. Journal of Corporate Finance，2007，13：146 – 169.

［257］Myers，Stewart C. ，Outside Equity ［J］. The Journal of Finance，2000（3）：1005 – 1037.

［258］Nohel T. and Tarhan V. Share Repurchases and Firm Performance：New Evidence on the Agency Costs of Free Cash Flow ［J］. Journal of Financial Economics，1998，49：187 – 222.

［259］Omran，M. M. ，Bolbol，A. and Fatheldin，A. Corporate Governance and Firm Performance in Arab Equity Markets：Does Ownership Concentration Matter? ［J］. International Review of Law and Economics，2008，28（1）：32 – 45.

［260］Parrino，R. ，Sias，R. W. ，Starks，L. T. Voting with Their Feet：Institutional Ownership Changes around Forced CEO Turnover ［J］. Journal of Financial Economics，2003，68（1）：3 – 46.

［261］Patricia，M. Dechow，Hia，D. Dichev. The Quality of Accruals and Earings: The Role of Accrual Estimation Errors [J]. The Accounting Review, 2003, 77: 35 – 59.

[262] Piotroski. What Determines Corporate Transparence [J]. Journal of ccounting 2004 (11): 213 – 219.

[263] Pound, J. Proxy Contests and the Efficiency of Shareholder Oversight [J] . Journal of Financial Economics, 1988, 20 (1): 237 – 265.

[264] Roger Graham, Lefanowicz, Kathy Petroni. The Value Relevance of Equity Method Fair Value Disclosures [J]. Journal of Business Finance & Accounting, 2003 (7): 166 – 181.

[265] Rosy Locorotondo, Nico Dewaelheyns, Cynthia Van Hulle. Cash Holdings and Business Group Membership [J]. Journal of Business Research. 2013.

[266] Rozeff, Zaman. Stock Splits: Evidence from Mutual Funds [J]. Journal of Finance, 1998 (2): 335 – 349.

[267] R. S. Yan, J. J. Qian. The Impact of Board Capital and CEO Shareholding Incentive on Enterprise R&D Investment: Empirical Evidence from the A – share listed High – tech Electronic Companies in China Economic Management Journal [J]. 2016, (1): 86 – 95.

[268] Sanders, Carpenter. Internationalization and Firm Govermance: The Roles of CEO Compensation. Top Team Composition, and Board Structure [J]. Academy of Management Journal, 1998 (41): 150 – 178.

[269] Sanhao, Duzhu, Zhiyan. Effect of Executives' Shareholding Ratio on Corporate Scandal Prevention [J]. The Economic Analysis, 2013 (6): 22 – 46.

[270] Sapienza P. The Effects of Government Ownership on Bank Lending [J]. Jouranl of Financial Economics, 1997 (72): 357 – 384.

[271] Seyhun, H. N. Overeaction of Fundamentals: Some Lessons from Insides' Res Ponse to the Market Crash of 1987 [J]. Jonrnal of Finance, 1998 (6): 19 – 90.

[272] Seyhun. Overeaction of Fundamental: Some Lessons from Insides' Response to the Market Crash of 1987 [J]. Jonrnal of Finance, 1990 (9): 187 – 202.

[273] Shane, Philip, B. , Stock, Toby. Security Analyst and Stock Market Efficiency in Anticipating Tax – Motivated Income Shifting [J]. The Accounting Review,

2006, 81 (1): 227 –250.

[274] Shleifer, A. , Vishny, R. Politicians and firms [J]. Quarterly Journal of Economics, 1999 (109): 995 –1025.

[275] Shleifer, A. , Vishny, R. W. Large Shareholders and Corporate Control [J]. Journal of Political Economy, 1986, 94 (3): 461 –488.

[276] Shleifer, A. , R. W. , Vishny. A Survey of Corporate Governance [J]. Journal of Finance, 1997 (5): 737 – 783.

[277] Sias, R. W. , Starks, L. T. Return Autocorrelation and Institutional Investors [J]. Journal of Financial Economics, 1997, 46 (1): 103 –131.

[278] Stephens, C. P. and Weisbach, M. S. Actual Share Reacquisitions in Open – Market Repurchase Programs [J]. Journalof Finance, 1998 (53): 313 –333.

[279] Stone. Estomating the Value of Political Connections [J]. American Economic Review, 2001 (91): 1095 –1102.

[280] Thomse and Pederson. Industry and Ownership Structure [J]. Information Review of Law and Economics, 2000 (9): 139 –183.

[281] Thomsen, S. , Pedersen, T. and Kvist, H. K. Blockholder Ownership: Effects on Firm Value in Market and Control Based Governance Systems [J]. Journal of Corporate Finance, 2006, 12 (2): 249 –269.

[282] Tihanyi, L. , Ellstrand, A. E. et al. Composition of the Top Management Team and firm International Diversification [J]. Journal of Management, 2010, 26 (6): 1157 –1177.

[283] Wintoki, M. B. , Linck, J. S. and Netter, J. M. Endogeneity and the Dynamics of Internal Corporate Governance [R]. Working Paper, 2010 (20): 61 –91.

[284] Woidtke, T. Agents Watching Agents: Evidence from Pension Fund Ownership and Firm Value [J]. Journal of Financial Economics, 2002, 63 (1): 99 –131.

[285] Zhang, H. F. A Dynamic Investigation of the Association between Shareholder Rights and Firm Value [R] . Conference Paper: 21st Australasian Finance and Banking Conference, Sydney. 2008.

# 附　录

## 附录1　高管持股变动效果
## 研究样本统计

| 序号 | 公司代码 | 公司简称 | 序号 | 公司代码 | 公司简称 | 序号 | 公司代码 | 公司简称 |
|---|---|---|---|---|---|---|---|---|
| 1 | 300001 | 特锐德 | 17 | 300017 | 网宿科技 | 33 | 300035 | 中科电气 |
| 2 | 300002 | 神州泰岳 | 18 | 300018 | 中元华电 | 34 | 300036 | 超图软件 |
| 3 | 300003 | 乐普医疗 | 19 | 300019 | 硅宝科技 | 35 | 300037 | 新宙邦 |
| 4 | 300004 | 南风股份 | 20 | 300020 | 银江股份 | 36 | 300038 | 梅泰诺 |
| 5 | 300005 | 探路者 | 21 | 300021 | 大禹节水 | 37 | 300039 | 上海凯宝 |
| 6 | 300006 | 莱美药业 | 22 | 300022 | 吉峰农机 | 38 | 300040 | 九洲电气 |
| 7 | 300007 | 汉威电子 | 23 | 300023 | 宝德股份 | 39 | 300041 | 回天新材 |
| 8 | 300008 | 上海佳豪 | 24 | 300025 | 华星创业 | 40 | 300042 | 朗科科技 |
| 9 | 300009 | 安科生物 | 25 | 300026 | 红日药业 | 41 | 300043 | 互动娱乐 |
| 10 | 300010 | 立思辰 | 26 | 300027 | 华谊兄弟 | 42 | 300044 | 赛为智能 |
| 11 | 300011 | 鼎汉技术 | 27 | 300028 | 金亚科技 | 43 | 300045 | 华力创通 |
| 12 | 300012 | 华测检测 | 28 | 300029 | 天龙光电 | 44 | 300046 | 台基股份 |
| 13 | 300013 | 新宁物流 | 29 | 300030 | 阳普医疗 | 45 | 300047 | 天源迪科 |
| 14 | 300014 | 亿纬锂能 | 30 | 300031 | 宝通科技 | 46 | 300048 | 合康变频 |
| 15 | 300015 | 爱尔眼科 | 31 | 300032 | 金龙机电 | 47 | 300049 | 福瑞股份 |
| 16 | 300016 | 北陆药业 | 32 | 300033 | 同花顺 | 48 | 300050 | 世纪鼎利 |

| 序号 | 公司代码 | 公司简称 | 序号 | 公司代码 | 公司简称 | 序号 | 公司代码 | 公司简称 |
|---|---|---|---|---|---|---|---|---|
| 49 | 300051 | 三五互联 | 81 | 300086 | 康芝药业 | 113 | 300121 | 阳谷华泰 |
| 50 | 300052 | 中青宝 | 82 | 300087 | 荃银高科 | 114 | 300122 | 智飞生物 |
| 51 | 300053 | 欧比特 | 83 | 300088 | 长信科技 | 115 | 300123 | 太阳鸟 |
| 52 | 300054 | 鼎龙股份 | 84 | 300089 | 文化长城 | 116 | 300124 | 汇川技术 |
| 53 | 300055 | 万邦达 | 85 | 300090 | 盛运环保 | 117 | 300125 | 易世达 |
| 54 | 300056 | 三维丝 | 86 | 300091 | 金通灵 | 118 | 300126 | 锐奇股份 |
| 55 | 300057 | 万顺股份 | 87 | 300092 | 科新机电 | 119 | 300127 | 银河磁体 |
| 56 | 300058 | 蓝色光标 | 88 | 300093 | 金刚玻璃 | 120 | 300128 | 锦富新材 |
| 57 | 300059 | 东方财富 | 89 | 300094 | 国联水产 | 121 | 300129 | 泰胜风能 |
| 58 | 300061 | 康耐特 | 90 | 300095 | 华伍股份 | 122 | 300130 | 新国都 |
| 59 | 300062 | 中能电气 | 91 | 300096 | 易联众 | 123 | 300131 | 英唐智控 |
| 60 | 300063 | 天龙集团 | 92 | 300097 | 智云股份 | 124 | 300132 | 青松股份 |
| 61 | 300064 | 豫金刚石 | 93 | 300098 | 高新兴 | 125 | 300133 | 华策影视 |
| 62 | 300065 | 海兰信 | 94 | 300099 | 尤洛卡 | 126 | 300134 | 大富科技 |
| 63 | 300066 | 三川智慧 | 95 | 300100 | 双林股份 | 127 | 300135 | 宝利国际 |
| 64 | 300067 | 安诺其 | 96 | 300101 | 振芯科技 | 128 | 300136 | 信维通信 |
| 65 | 300068 | 南都电源 | 97 | 300102 | 乾照光电 | 129 | 300137 | 先河环保 |
| 66 | 300069 | 金利华电 | 98 | 300103 | 达刚路机 | 130 | 300138 | 晨光生物 |
| 67 | 300070 | 碧水源 | 99 | 300104 | 乐视网 | 131 | 300139 | 晓程科技 |
| 68 | 300071 | 华谊嘉信 | 100 | 300107 | 建新股份 | 132 | 300141 | 和顺电气 |
| 69 | 300072 | 三聚环保 | 101 | 300108 | 双龙股份 | 133 | 300142 | 沃森生物 |
| 70 | 300074 | 华平股份 | 102 | 300109 | 新开源 | 134 | 300143 | 星河生物 |
| 71 | 300075 | 数字政通 | 103 | 300110 | 华仁药业 | 135 | 300144 | 宋城演艺 |
| 72 | 300076 | GQY 视讯 | 104 | 300111 | 向日葵 | 136 | 300145 | 南方泵业 |
| 73 | 300077 | 国民技术 | 105 | 300112 | 万讯自控 | 137 | 300146 | 汤臣倍健 |
| 74 | 300078 | 思创医惠 | 106 | 300113 | 顺网科技 | 138 | 300147 | 香雪制药 |
| 75 | 300079 | 数码视讯 | 107 | 300115 | 长盈精密 | 139 | 300148 | 天舟文化 |
| 76 | 300081 | 恒信移动 | 108 | 300116 | 坚瑞消防 | 140 | 300149 | 量子高科 |
| 77 | 300082 | 奥克股份 | 109 | 300117 | 嘉寓股份 | 141 | 300150 | 世纪瑞尔 |
| 78 | 300083 | 劲胜精密 | 110 | 300118 | 东方日升 | 142 | 300151 | 昌红科技 |
| 79 | 300084 | 海默科技 | 111 | 300119 | 瑞普生物 | 143 | 300152 | 科融环境 |
| 80 | 300085 | 银之杰 | 112 | 300120 | 经纬电材 | 144 | 300153 | 科泰电源 |

| 序号 | 公司代码 | 公司简称 | 序号 | 公司代码 | 公司简称 | 序号 | 公司代码 | 公司简称 |
|---|---|---|---|---|---|---|---|---|
| 145 | 300154 | 瑞凌股份 | 159 | 300169 | 天晟新材 | 173 | 300183 | 东软载波 |
| 146 | 300155 | 安居宝 | 160 | 300170 | 汉得信息 | 174 | 300184 | 力源信息 |
| 147 | 300156 | 神雾环保 | 161 | 300171 | 东富龙 | 175 | 300185 | 通裕重工 |
| 148 | 300157 | 恒泰艾普 | 162 | 300172 | 中电环保 | 176 | 300187 | 永清环保 |
| 149 | 300158 | 振东制药 | 163 | 300173 | 智慧松德 | 177 | 300188 | 美亚柏科 |
| 150 | 300159 | 新研股份 | 164 | 300174 | 元力股份 | 178 | 300189 | 神农基因 |
| 151 | 300160 | 秀强股份 | 165 | 300175 | 朗源股份 | 179 | 300190 | 维尔利 |
| 152 | 300162 | 雷曼股份 | 166 | 300176 | 鸿特精密 | 180 | 300191 | 潜能恒信 |
| 153 | 300163 | 先锋新材 | 167 | 300177 | 中海达 | 181 | 300192 | 科斯伍德 |
| 154 | 300164 | 通源石油 | 168 | 300178 | 腾邦国际 | 182 | 300193 | 佳士科技 |
| 155 | 300165 | 天瑞仪器 | 169 | 300179 | 四方达 | 183 | 300194 | 福安药业 |
| 156 | 300166 | 东方国信 | 170 | 300180 | 华峰超纤 | 184 | 300195 | 长荣股份 |
| 157 | 300167 | 迪威视讯 | 171 | 300181 | 佐力药业 | 185 | 300196 | 长海股份 |
| 158 | 300168 | 万达信息 | 172 | 300182 | 捷成股份 | 186 | 300197 | 铁汉生态 |

# 附录2 关键股东持股变动动因及实际控制人持股变动效果研究样本统计

| 序号 | 公司代码 | 公司简称 | 序号 | 公司代码 | 公司简称 | 序号 | 公司代码 | 公司简称 |
|------|----------|----------|------|----------|----------|------|----------|----------|
| 1 | 300001 | 特锐德 | 27 | 300028 | 金亚科技 | 53 | 300055 | 万邦达 |
| 2 | 300002 | 神州泰岳 | 28 | 300029 | 天龙光电 | 54 | 300056 | 三维丝 |
| 3 | 300003 | 乐普医疗 | 29 | 300030 | 阳普医疗 | 55 | 300057 | 万顺股份 |
| 4 | 300004 | 南风股份 | 30 | 300031 | 宝通科技 | 56 | 300058 | 蓝色光标 |
| 5 | 300005 | 探路者 | 31 | 300032 | 金龙机电 | 57 | 300059 | 东方财富 |
| 6 | 300006 | 莱美药业 | 32 | 300033 | 同花顺 | 58 | 300061 | 康耐特 |
| 7 | 300007 | 汉威电子 | 33 | 300035 | 中科电气 | 59 | 300062 | 中能电气 |
| 8 | 300008 | 上海佳豪 | 34 | 300036 | 超图软件 | 60 | 300063 | 天龙集团 |
| 9 | 300009 | 安科生物 | 35 | 300037 | 新宙邦 | 61 | 300064 | 豫金刚石 |
| 10 | 300010 | 立思辰 | 36 | 300038 | 梅泰诺 | 62 | 300065 | 海兰信 |
| 11 | 300011 | 鼎汉技术 | 37 | 300039 | 上海凯宝 | 63 | 300066 | 三川智慧 |
| 12 | 300012 | 华测检测 | 38 | 300040 | 九洲电气 | 64 | 300067 | 安诺其 |
| 13 | 300013 | 新宁物流 | 39 | 300041 | 回天新材 | 65 | 300068 | 南都电源 |
| 14 | 300014 | 亿纬锂能 | 40 | 300042 | 朗科科技 | 66 | 300069 | 金利华电 |
| 15 | 300015 | 爱尔眼科 | 41 | 300043 | 互动娱乐 | 67 | 300070 | 碧水源 |
| 16 | 300016 | 北陆药业 | 42 | 300044 | 赛为智能 | 68 | 300071 | 华谊嘉信 |
| 17 | 300017 | 网宿科技 | 43 | 300045 | 华力创通 | 69 | 300072 | 三聚环保 |
| 18 | 300018 | 中元华电 | 44 | 300046 | 台基股份 | 70 | 300074 | 华平股份 |
| 19 | 300019 | 硅宝科技 | 45 | 300047 | 天源迪科 | 71 | 300075 | 数字政通 |
| 20 | 300020 | 银江股份 | 46 | 300048 | 合康变频 | 72 | 300076 | GQY视讯 |
| 21 | 300021 | 大禹节水 | 47 | 300049 | 福瑞股份 | 73 | 300077 | 国民技术 |
| 22 | 300022 | 吉峰农机 | 48 | 300050 | 世纪鼎利 | 74 | 300078 | 思创医惠 |
| 23 | 300023 | 宝德股份 | 49 | 300051 | 三五互联 | 75 | 300079 | 数码视讯 |
| 24 | 300025 | 华星创业 | 50 | 300052 | 中青宝 | 76 | 300081 | 恒信移动 |
| 25 | 300026 | 红日药业 | 51 | 300053 | 欧比特 | 77 | 300082 | 奥克股份 |
| 26 | 300027 | 华谊兄弟 | 52 | 300054 | 鼎龙股份 | 78 | 300083 | 劲胜精密 |

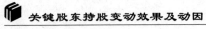
续表

| 序号 | 公司代码 | 公司简称 | 序号 | 公司代码 | 公司简称 | 序号 | 公司代码 | 公司简称 |
|---|---|---|---|---|---|---|---|---|
| 79 | 300084 | 海默科技 | 82 | 300087 | 荃银高科 | 85 | 300090 | 盛运环保 |
| 80 | 300085 | 银之杰 | 83 | 300088 | 长信科技 | 86 | 300091 | 金通灵 |
| 81 | 300086 | 康芝药业 | 84 | 300089 | 文化长城 | | | |

# 附录3 中央地方减持政策的梳理

## 上市公司股东、董监高减持股份的若干规定

证监会公告〔2017〕9号

第一条 为了规范上市公司股东及董事、监事、高级管理人员（以下简称董监高）减持股份行为，促进证券市场长期稳定健康发展，根据《公司法》《证券法》的有关规定，制定本规定。

第二条 上市公司控股股东和持股5%以上股东（以下统称大股东）、董监高减持股份，以及股东减持其持有的公司首次公开发行前发行的股份、上市公司非公开发行的股份，适用本规定。大股东减持其通过证券交易所集中竞价交易买入的上市公司股份，不适用本规定。

第三条 上市公司股东、董监高应当遵守《公司法》《证券法》和有关法律、法规，中国证监会规章、规范性文件，以及证券交易所规则中关于股份转让的限制性规定。上市公司股东、董监高曾就限制股份转让作出承诺的，应当严格遵守。

第四条 上市公司股东、董监高可以通过证券交易所的证券交易卖出，也可以通过协议转让及法律、法规允许的其他方式减持股份。因司法强制执行、执行股权质押协议、赠与、可交换债换股、股票权益互换等减持股份的，应当按照本规定办理。

第五条 上市公司股东、董监高减持股份，应当按照法律、法规和本规定，以及证券交易所规则，真实、准确、完整、及时履行信息披露义务。

第六条 具有下列情形之一的，上市公司大股东不得减持股份：

（一）上市公司或者大股东因涉嫌证券期货违法犯罪，在被中国证监会立案调查或者被司法机关立案侦查期间，以及在行政处罚决定、刑事判决作出之后未满6个月的。

（二）大股东因违反证券交易所规则，被证券交易所公开谴责未满 3 个月的。

（三）中国证监会规定的其他情形。

第七条　具有下列情形之一的，上市公司董监高不得减持股份：

（一）董监高因涉嫌证券期货违法犯罪，在被中国证监会立案调查或者被司法机关立案侦查期间，以及在行政处罚决定、刑事判决作出之后未满 6 个月的。

（二）董监高因违反证券交易所规则，被证券交易所公开谴责未满 3 个月的。

（三）中国证监会规定的其他情形。

第八条　上市公司大股东、董监高计划通过证券交易所集中竞价交易减持股份，应当在首次卖出的 15 个交易日前向证券交易所报告并预先披露减持计划，由证券交易所予以备案。

上市公司大股东、董监高减持计划的内容应当包括但不限于：拟减持股份的数量、来源、减持时间区间、方式、价格区间、减持原因。减持时间区间应当符合证券交易所的规定。

在预先披露的减持时间区间内，大股东、董监高应当按照证券交易所的规定披露减持进展情况。减持计划实施完毕后，大股东、董监高应当在两个交易日内向证券交易所报告，并予公告；在预先披露的减持时间区间内，未实施减持或者减持计划未实施完毕的，应当在减持时间区间届满后的两个交易日内向证券交易所报告，并予公告。

第九条　上市公司大股东在 3 个月内通过证券交易所集中竞价交易减持股份的总数，不得超过公司股份总数的 1%。

股东通过证券交易所集中竞价交易减持其持有的公司首次公开发行前发行的股份、上市公司非公开发行的股份，应当符合前款规定的比例限制。

股东持有上市公司非公开发行的股份，在股份限售期届满后 12 个月内通过集中竞价交易减持的数量，还应当符合证券交易所规定的比例限制。适用前三款规定时，上市公司大股东与其一致行动人所持有的股份应当合并计算。

第十条　通过协议转让方式减持股份并导致股份出让方不再具有上市公司大股东身份的，股份出让方、受让方应当在减持后 6 个月内继续遵守本规定第八条、第九条第一款的规定。股东通过协议转让方式减持其持有的公司首次公开发行前发行的股份、上市公司非公开发行的股份，股份出让方、受让方应当在减持后 6 个月内继续遵守本规定第九条第二款的规定。

第十一条　上市公司大股东通过大宗交易方式减持股份，或者股东通过大宗交易方式减持其持有的公司首次公开发行前发行的股份、上市公司非公开发行的股份，股份出让方、受让方应当遵守证券交易所关于减持数量、持有时间等规定。适用前款规定时，上市公司大股东与其一致行动人所持有的股份应当合并计算。

第十二条　上市公司大股东的股权被质押的，该股东应当在该事实发生之日起2日内通知上市公司，并予公告。中国证券登记结算公司应当统一制定上市公司大股东场内场外股权质押登记要素标准，并负责采集相关信息。证券交易所应当明确上市公司大股东办理股权质押登记、发生平仓风险、解除股权质押等信息披露内容。因执行股权质押协议导致上市公司大股东股份被出售的，应当执行本规定。

第十三条　上市公司股东、董监高未按照本规定和证券交易所规则减持股份的，证券交易所应当视情节采取书面警示等监管措施和通报批评、公开谴责等纪律处分措施；情节严重的，证券交易所应当通过限制交易的处置措施禁止相关证券账户6个月内或12个月内减持股份。证券交易所为防止市场发生重大波动，影响市场交易秩序或者损害投资者利益，防范市场风险，有序引导减持，可以根据市场情况，依照法律和交易规则，对构成异常交易的行为采取限制交易等措施。

第十四条　上市公司股东、董监高未按照本规定和证券交易所规则减持股份的，中国证监会依照有关规定采取责令改正等监管措施。

第十五条　上市公司股东、董监高未按照本规定和证券交易所规则披露信息，或者所披露的信息存在虚假记载、误导性陈述或者重大遗漏的，中国证监会依照《证券法》第一百九十三条的规定给予行政处罚。

第十六条　上市公司股东、董监高减持股份超过法律、法规、中国证监会规章和规范性文件、证券交易所规则设定的比例的，依法予以查处。

第十七条　上市公司股东、董监高未按照本规定和证券交易所规则减持股份，构成欺诈、内幕交易和操纵市场的，依法予以查处。

第十八条　上市公司股东、董监高违反本规定和证券交易所规则减持股份，情节严重的，中国证监会可以依法采取证券市场禁入措施。

第十九条　本规定自公布之日起施行。《上市公司大股东、董监高减持股份的若干规定》（证监会公告〔2016〕1 号）同时废止。

# 上市公司大股东、董监高减持股份的若干规定

证监会公告〔2016〕1 号

第一条 为了规范上市公司控股股东和持股 5% 以上股东（以下并称大股东）及董事、监事、高级管理人员（以下简称董监高）减持股份行为，促进证券市场长期稳定健康发展，根据《公司法》《证券法》的有关规定，制定本规定。

第二条 上市公司大股东、董监高减持股份的，适用本规定。大股东减持其通过二级市场买入的上市公司股份，不适用本规定。

第三条 上市公司大股东、董监高应当遵守《公司法》《证券法》和有关法律、法规，以及中国证监会规章、规范性文件中关于股份转让的限制性规定。上市公司大股东、董监高曾就限制股份转让作出承诺的，应当严格遵守。

第四条 上市公司大股东、董监高可以通过证券交易所的证券交易卖出，也可以通过协议转让及法律、法规允许的其他方式减持股份。因司法强制执行、执行股权质押协议、赠与等减持股份的，应当按照本规定办理。

第五条 上市公司大股东、董监高减持股份，应当按照法律、法规和本规定，以及证券交易所相关规则，真实、准确、完整、及时履行信息披露义务。

第六条 具有下列情形之一的，上市公司大股东不得减持股份：

（一）上市公司或者大股东因涉嫌证券期货违法犯罪，在被中国证监会立案调查或者被司法机关立案侦查期间，以及在行政处罚决定、刑事判决作出之后未满六个月的。

（二）大股东因违反证券交易所自律规则，被证券交易所公开谴责未满三个月的。

（三）中国证监会规定的其他情形。

第七条 具有下列情形之一的，上市公司董监高不得减持股份：

（一）董监高因涉嫌证券期货违法犯罪，在被中国证监会立案调查或者被司

法机关立案侦查期间，以及在行政处罚决定、刑事判决作出之后未满六个月的。

（二）董监高因违反证券交易所自律规则，被证券交易所公开谴责未满三个月的。

（三）中国证监会规定的其他情形。

第八条 上市公司大股东计划通过证券交易所集中竞价交易减持股份，应当在首次卖出的15个交易日前预先披露减持计划。上市公司大股东减持计划的内容应当包括但不限于：拟减持股份的数量、来源、减持时间、方式、价格区间、减持原因。

第九条 上市公司大股东在三个月内通过证券交易所集中竞价交易减持股份的总数，不得超过公司股份总数的百分之一。

第十条 通过协议转让方式减持股份并导致股份出让方不再具有上市公司大股东身份的，股份出让方、受让方应当在减持后六个月内继续遵守本规定第八条、第九条的规定。

第十一条 上市公司大股东的股权被质押的，该股东应当在该事实发生之日起二日内通知上市公司，并予公告。中国证券登记结算公司应当统一制定上市公司大股东场内场外股权质押登记要素标准，并负责采集相关信息。证券交易所应当明确上市公司大股东办理股权质押登记、发生平仓风险、解除股权质押等信息披露内容。因执行股权质押协议导致上市公司大股东股份被出售的，应当执行本规定。

第十二条 上市公司大股东、董监高未按照本规定减持股份的，证券交易所应当视情节采取书面警示等监管措施和通报批评、公开谴责等纪律处分措施；情节严重的，证券交易所应当通过限制交易的处置措施禁止相关证券账户六个月内或十二个月内减持股份。

第十三条 上市公司大股东、董监高未按照本规定减持股份的，中国证监会可以采取责令改正等监管措施。

第十四条 上市公司大股东、董监高未按照本规定披露信息，或者所披露的信息存在虚假记载、误导性陈述或者重大遗漏的，中国证监会依照《证券法》第一百九十三条的规定给予行政处罚。

第十五条 上市公司大股东、董监高减持股份超过法律、法规、中国证监会规章、规范性文件设定的比例，中国证监会依法给予行政处罚。

第十六条 上市公司大股东、董监高未按照本规定减持股份，构成欺诈、内幕交易和操纵市场的，中国证监会依法给予行政处罚。

第十七条 上市公司大股东、董监高违反本规定减持股份，情节严重的，中国证监会可以依法采取证券市场禁入的措施。

第十八条 本规定自 2016 年 1 月 9 日起施行。

# 关于上市公司大股东及董事、监事、高级管理人员
# 6 个月内不得通过二级市场减持本公司股份的通知

中国证券监督管理委员会公告〔2015〕18 号

近期，证券市场出现非理性下跌，为维护资本市场稳定，切实维护投资者合法权益，现就相关事项公告如下：

一、从即日起 6 个月内，上市公司控股股东和持股 5% 以上股东（以下并称大股东）及董事、监事、高级管理人员不得通过二级市场减持本公司股份。

二、上市公司大股东及董事、监事、高级管理人员违反上述规定减持本公司股份的，中国证监会将给予严肃处理。

三、上市公司大股东及董事、监事、高级管理人员在 6 个月后减持本公司股份的具体办法，另行规定。

2015 年 7 月 8 日

# 深圳证券交易所上市公司股东及董事、监事、
# 高级管理人员减持股份实施细则

第一条 为了规范深圳证券交易所（以下简称本所）上市公司股东及董事、

监事、高级管理人员（以下简称董监高）减持股份的行为，维护市场秩序，保护投资者合法权益，根据《公司法》、《证券法》和中国证监会《上市公司股东、董监高减持股份的若干规定》以及本所《股票上市规则》、《创业板股票上市规则》、《交易规则》等有关规定，制定本细则。

第二条　本细则适用于下列减持行为：

（一）大股东减持，即上市公司控股股东、持股5%以上的股东（以下统称大股东）减持其持有的股份，但其减持通过集中竞价交易取得的股份除外；

（二）特定股东减持，即大股东以外持有公司首次公开发行前股份、上市公司非公开发行股份（以下统称特定股份）的股东（以下简称特定股东），减持其持有的该等股份；

（三）董监高减持其持有的股份。

因司法强制执行、执行股权质押协议、赠与、可交换债换股、股票权益互换等减持股份的，适用本细则。

特定股份在解除限售前发生非交易过户，受让方后续对该部分股份的减持，适用本细则。

第三条　股东及董监高减持股份，应当遵守法律、行政法规、部门规章、规范性文件、本细则以及本所其他业务规则；对持股比例、持股期限、减持方式、减持价格等作出承诺的，应当严格履行所作出的承诺。

第四条　大股东减持或者特定股东减持，采取集中竞价交易方式的，在任意连续九十个自然日内，减持股份的总数不得超过公司股份总数的百分之一。

股东通过集中竞价交易减持上市公司非公开发行股份的，除遵守前款规定外，在股份限制转让期间届满后十二个月内，减持数量还不得超过其持有的该次非公开发行股份的百分之五十。

第五条　大股东减持或者特定股东减持，采取大宗交易方式的，在任意连续九十个自然日内，减持股份的总数不得超过公司股份总数的百分之二。

前款交易的受让方在受让后六个月内，不得转让其受让的股份。

大宗交易买卖双方应当在交易时明确其所买卖股份的性质、数量、种类、价格，并遵守本细则相关规定。

第六条　大股东减持或者特定股东减持，采取协议转让方式的，单个受让方的受让比例不得低于公司股份总数的百分之五，转让价格下限比照大宗交易的规定执行，法律、行政法规、部门规章、规范性文件及本所业务规则等另有规定的除外。

大股东减持采取协议转让方式，减持后不再具有大股东身份的，出让方、受让方在六个月内应当继续遵守本细则第四条第一款减持比例的规定，还应当继续遵守本细则第十三条、第十四条信息披露的规定。

特定股东减持采取协议转让方式，出让方、受让方在六个月内应当继续遵守本细则第四条第一款减持比例的规定。

第七条　同一股东开立多个证券账户（含信用证券账户）的，计算本细则第四条、第五条规定的减持比例时，对多个证券账户持股合并计算，可减持数量按照其在各账户和托管单元上所持有关股份数量的比例分配确定。

第八条　计算本细则第四条、第五条规定的减持比例时，大股东与其一致行动人的持股应当合并计算。

一致行动人的认定适用中国证监会《上市公司收购管理办法》的规定。

第九条　具有下列情形之一的，上市公司大股东不得减持股份：

（一）上市公司或者大股东因涉嫌证券期货违法犯罪，在被中国证监会立案调查或者被司法机关立案侦查期间，以及在行政处罚决定、刑事判决作出之后未满六个月的；

（二）大股东因违反证券交易所业务规则，被证券交易所公开谴责未满三个月的；

（三）法律、行政法规、部门规章、规范性文件以及本所业务规则规定的其他情形。

第十条　上市公司存在下列情形之一的，自相关决定作出之日起至公司股票终止上市或者恢复上市前，其控股股东、实际控制人、董监高不得减持其持有的公司股份：

（一）上市公司因欺诈发行或者因重大信息披露违法受到中国证监会行政处罚；

（二）上市公司因涉嫌欺诈发行罪或者因涉嫌违规披露、不披露重要信息罪被依法移送公安机关。

前款规定的控股股东、实际控制人、董监高的一致行动人应当遵守前款规定。

上市公司披露为无控股股东、实际控制人的，其第一大股东及第一大股东的实际控制人应当遵守前两款对控股股东、实际控制人的相关规定。

第十一条　具有下列情形之一的，上市公司董监高不得减持股份：

（一）董监高因涉嫌证券期货违法犯罪，在被中国证监会立案调查或者被司法机关立案侦查期间，以及在行政处罚决定、刑事判决作出之后未满六个月的。

（二）董监高因违反证券交易所业务规则，被证券交易所公开谴责未满三个月的。

（三）法律、行政法规、部门规章、规范性文件以及本所业务规则规定的其他情形。

第十二条　董监高在任期届满前离职的，应当在其就任时确定的任期内和任期届满后六个月内，继续遵守下列限制性规定：

（一）每年转让的股份不得超过其所持有本公司股份总数的百分之二十五。

（二）离职后半年内，不得转让其所持本公司股份。

（三）《公司法》对董监高股份转让的其他规定。

第十三条　上市公司大股东、董监高通过本所集中竞价交易减持股份的，应当在首次卖出的十五个交易日前向本所报告减持计划，在本所备案并予以公告。

前款规定的减持计划的内容包括但不限于拟减持股份的数量、来源、原因、方式、减持时间区间、价格区间等信息。

每次披露的减持时间区间不得超过六个月。在减持时间区间内，大股东、董监高在减持数量过半或减持时间过半时，应当披露减持进展情况。公司控股股东、实际控制人及其一致行动人减持达到公司股份总数百分之一的，还应当在该事实发生之日起二个交易日内就该事项作出公告。

在前款规定的减持时间区间内，上市公司发生高送转、并购重组等重大事项的，前款规定的股东应当同步披露减持进展情况，并说明本次减持与前述重大事项的关联性。

第十四条　上市公司大股东、董监高减持股份，应当在股份减持计划实施完毕后的二个交易日内予以公告。上述主体在预先披露的股份减持时间区间内，未实施股份减持或者股份减持计划未实施完毕的，应当在股份减持时间区间届满后的二个交易日内予以公告。

第十五条　上市公司股东、董监高减持股份违反本细则规定，或者通过交易、转让或者其他安排规避本细则规定，或者违反本所其他业务规则规定的，本所可以采取限制交易等监管措施或者实施纪律处分。严重影响市场交易秩序或者损害投资者利益的，本所从重处分。

前款规定的减持行为涉嫌违反法律、法规、部门规章、规范性文件的，本所报中国证监会查处。

第十六条　本细则下列术语是指：

（一）股份总数，是指上市公司人民币普通股票（A 股）、人民币特种股票（B 股）、香港交易所上市股票（H 股）的股份数量之和。

（二）减持股份，是指上市公司股东减持公司 A 股的行为。

（三）以上，是指本数以上（含本数）。

第十七条　本细则经本所理事会审议通过并报中国证监会批准后生效，修改时亦同。

第十八条　本细则由本所负责解释。

第十九条　本细则自发布之日起施行。本所 2016 年 1 月 9 日发布的《关于落实〈上市公司大股东、董监高减持股份的若干规定〉相关事项的通知》（深证上〔2016〕11 号）同时废止。

# 关于落实《上市公司大股东、董监高减持
# 股份的若干规定》相关事项的通知

各上市公司：

为贯彻落实《上市公司大股东、董监高减持股份的若干规定》（以下简称《减持规定》），规范上市公司控股股东和持股 5% 以上股东（以下并称"大股东"）及董事、监事、高级经理人员（以下简称"董监高"）减持股份行为，明确具体监管要求，深圳证券交易所（以下简称"本所"）现就相关事项通知如下：

一、自 2016 年 1 月 9 日起，上市公司大股东此后任意连续 3 个月内通过证

券交易所集中竞价交易减持股份的总数，不得超过公司股份总数的1%。

二、上市公司大股东减持公司人民币普通股票（A股）、人民币特种股票（B股）时，减持比例中的股份总数按照境内外发行股份的总股本计算。

三、上市公司大股东通过协议转让方式减持股份的，单个受让方的受让比例不得低于5%。协议转让价格范围下限比照大宗交易的规定执行。法律法规、部门规章及本所业务规则另有规定的除外。

四、上市公司大股东通过协议转让方式减持股份，减持后持股比例低于5%的股份出让方、受让方，在减持后6个月内应当继续遵守《减持规定》第八条、第九条的规定；减持后持股比例达到或超过5%的出让方、受让方，在减持后应当遵守《减持规定》的要求。

五、本所结合上市公司大股东、董监高减持预披露计划及其实施情况以及协议转让情况，定期对其减持行为进行事后核查。发现存在违规行为的，将按照《减持规定》和本所业务规则的规定予以处理。

特此通知

深圳证券交易所
2016 年 1 月 9 日

# 上市公司股东及董事、监事、高级
# 管理人员减持股份实施细则

## 上证发〔2017〕24 号

第一条　为规范上海证券交易所（以下简称本所）上市公司股东及董事、监事、高级管理人员（以下简称董监高）减持股份的行为，维护市场秩序，保护投资者合法权益，根据《公司法》《证券法》和中国证监会《上市公司股东、董监高减持股份的若干规定》及本所《股票上市规则》《交易规则》等有关规定，制定本细则。

第二条　本细则适用于下列减持行为：

（一）大股东减持，即上市公司控股股东、持股5%以上的股东（以下统称大股东），减持所持有的股份，但其减持通过集中竞价交易取得的股份除外。

（二）特定股东减持，即大股东以外的股东，减持所持有的公司首次公开发行前股份、上市公司非公开发行股份（以下统称特定股份）。

（三）董监高减持所持有的股份。

因司法强制执行、执行股权质押协议、赠与、可交换公司债券换股、股票收益互换等方式取得股份的减持，适用本细则。

特定股份在解除限售前发生非交易过户，受让方后续对该部分股份的减持，适用本细则。

第三条　股东及董监高减持股份，应当遵守法律、行政法规、部门规章、规范性文件、本细则以及本所其他业务规则；对持股比例、持股期限、减持方式、减持价格等作出承诺的，应当严格履行所做出的承诺。

第四条　大股东减持或者特定股东减持，采取集中竞价交易方式的，在任意连续90日内，减持股份的总数不得超过公司股份总数的1%。

持有上市公司非公开发行股份的股东，通过集中竞价交易减持该部分股份的，除遵守前款规定外，自股份解除限售之日起12个月内，减持数量不得超过其持有该次非公开发行股份数量的50%。

第五条　大股东减持或者特定股东减持，采取大宗交易方式的，在任意连续90日内，减持股份的总数不得超过公司股份总数的2%。

大宗交易的出让方与受让方，应当明确其所买卖股份的数量、性质、种类、价格，并遵守本细则的相关规定。

受让方在受让后6个月内，不得转让所受让的股份。

第六条　大股东减持或者特定股东减持，采取协议转让方式的，单个受让方的受让比例不得低于公司股份总数的5%，转让价格下限比照大宗交易的规定执行，法律、行政法规、部门规章、规范性文件及本所业务规则另有规定的除外。

大股东减持采取协议转让方式，减持后不再具有大股东身份的，出让方、受让方在6个月内应当遵守本细则第四条第一款减持比例的规定，并应当依照本细则第十三条、第十四条、第十五条的规定分别履行信息披露义务。

股东通过协议转让方式减持特定股份后，受让方在6个月内减持所受让股份的，出让方、受让方应当遵守本细则第四条第一款减持比例的规定。

第七条　股东开立多个证券账户的，对各证券账户的持股合并计算；股东开立客户信用证券账户的，对客户信用证券账户与普通证券账户的持股合并计算。

股东开立多个证券账户、客户信用证券账户的，各账户可减持数量按各账户内有关股份数量的比例分配确定。

第八条　计算本细则第四条、第五条规定的减持比例时，大股东与其一致行动人的持股合并计算。

一致行动人的认定适用《上市公司收购管理办法》的规定。

第九条　具有下列情形之一的，上市公司大股东不得减持股份：

（一）上市公司或者大股东因涉嫌证券期货违法犯罪，在被中国证监会立案调查或者被司法机关立案侦查期间，以及在行政处罚决定、刑事判决作出之后未满6个月的。

（二）大股东因违反本所业务规则，被本所公开谴责未满3个月的。

（三）法律、行政法规、部门规章、规范性文件以及本所业务规则规定的其他情形。

第十条　具有下列情形之一的，上市公司董监高不得减持股份：

（一）董监高因涉嫌证券期货违法犯罪，在被中国证监会立案调查或者被司法机关立案侦查期间，以及在行政处罚决定、刑事判决作出之后未满6个月的。

（二）董监高因违反本所业务规则，被本所公开谴责未满3个月的。

（三）法律、行政法规、部门规章、规范性文件以及本所业务规则规定的其他情形。

第十一条　上市公司存在下列情形之一，触及退市风险警示标准的，自相关决定作出之日起至公司股票终止上市或者恢复上市前，其控股股东、实际控制人、董监高及其一致行动人不得减持所持有的公司股份：

（一）上市公司因欺诈发行或者因重大信息披露违法受到中国证监会行政处罚。

（二）上市公司因涉嫌欺诈发行罪或者因涉嫌违规披露、不披露重要信息罪被依法移送公安机关。

（三）其他重大违法退市情形。

上市公司披露公司无控股股东、实际控制人的，其第一大股东及第一大股东的实际控制人应当遵守前款规定。

第十二条　董监高在任期届满前离职的，应当在其就任时确定的任期内和任期届满后 6 个月内，遵守下列限制性规定：

（一）每年转让的股份不得超过其所持有本公司股份总数的 25%。

（二）离职后半年内，不得转让其所持本公司股份。

（三）法律、行政法规、部门规章、规范性文件以及本所业务规则对董监高股份转让的其他规定。

第十三条　大股东、董监高通过集中竞价交易减持股份的，应当在首次卖出股份的 15 个交易日前向本所报告备案减持计划，并予以公告。

前款规定的减持计划的内容，应当包括但不限于拟减持股份的数量、来源、减持时间区间、方式、价格区间、减持原因等信息，且每次披露的减持时间区间不得超过 6 个月。

第十四条　在减持时间区间内，大股东、董监高在减持数量过半或减持时间过半时，应当披露减持进展情况。公司控股股东、实际控制人及其一致行动人减持达到公司股份总数 1% 的，还应当在该事实发生之日起 2 个交易日内就该事项作出公告。

在减持时间区间内，上市公司披露高送转或筹划并购重组等重大事项的，大股东、董监高应当立即披露减持进展情况，并说明本次减持与前述重大事项是否有关。

第十五条　大股东、董监高通过本所集中竞价交易减持股份的，应当在股份减持计划实施完毕或者披露的减持时间区间届满后的 2 个交易日内公告具体减持情况。

第十六条　上市公司大股东的股权被质押的，该股东应当在该事实发生之日起 2 日内通知上市公司，并按本所有关股东股份质押事项的披露要求予以公告。

第十七条　股东、董监高减持股份违反本细则规定，或者通过交易、转让或者其他安排规避本细则规定，或者违反本所其他业务规则规定的，本所可以采取书面警示、通报批评、公开谴责、限制交易等监管措施或者纪律处分。违规减持行为导致股价异常波动、严重影响市场交易秩序或者损害投资者利益的，本所从重予以处分。

减持行为涉嫌违反法律、法规、规章、规范性文件的，本所按规定报中国证监会查处。

第十八条　本细则所称股份总数，是指上市公司人民币普通股票（A 股）、人民币特种股票（B股）、境外上市股票（含H股等）的股份数量之和。

第十九条　本细则经本所理事会审议通过并报中国证监会批准后生效，修改时亦同。

第二十条　本细则由本所负责解释。

第二十一条　本细则自发布之日起施行。本所2016年1月9日发布的《关于落实相关事项的通知》（上证发〔2016〕5号）同时废止。

# 关于落实《上市公司大股东、董监高减持股份的若干规定》相关事项的通知

## 上证发〔2016〕5号

各上市公司：

为贯彻落实《上市公司大股东、董监高减持股份的若干规定》（以下简称《减持规定》），规范上市公司控股股东和持股5%以上股东（以下并称大股东）及董事、监事、高级经理人员（以下简称董监高）减持股份行为，明确具体监管要求，上海证券交易所（以下简称本所）现就相关事项通知如下：

一、自2016年1月9日起，上市公司大股东此后任意连续3个月内通过证券交易所集中竞价交易减持股份的总数，不得超过公司股份总数的1%。

二、上市公司大股东减持其通过二级市场买入的公司股份完毕后，继续减持其通过其他方式获得的公司股份的，应当遵守《减持规定》的要求。

大股东减持其通过二级市场买入的公司股份，不适用《减持规定》中减持预披露和减持比例限制等相关要求。

前述二级市场买入，是指通过本所集中竞价交易系统或者大宗交易系统买入的公司股份。

三、上市公司大股东减持公司人民币普通股票（A股）、人民币特种股票（B股）时，减持比例中的股份总数按照A股、B股、香港交易所上市股票（H股）股份总数合并计算。

四、上市公司大股东通过协议转让方式减持股份的，单个受让方的受让比例不得低于5%，转让价格范围下限比照大宗交易的规定执行，法律法规、部门规章及本所业务规则另有规定的除外。

五、上市公司大股东通过协议转让方式减持股份，减持后持股比例低于5%的股份出让方、受让方，在减持后6个月内应当继续遵守《减持规定》第八条、第九条的规定；减持后持股比例达到或超过5%的出让方、受让方，在减持后应当遵守《减持规定》的要求。

六、本所结合上市公司大股东、董监高减持预披露计划及其实施情况以及协议转让情况，定期对其减持行为进行事后核查。发现存在违规行为的，将按照《减持规定》和本所业务规则的规定予以处理。

特此通知。

上海证券交易所

二〇一六年一月九日

# 后　记

时光荏苒，流年逝水，回首这几年的博士生涯感慨良多，回想写作的过程，虽然辛苦，但收益颇丰。本书是在我的博士论文基础上修改而成，在本书的写作过程中，我得到了许多老师和朋友的帮助和指导，对此我表示深深的谢意！特别要感谢我的导师郭建鸾教授。本书是在郭老师的悉心指导下完成的，从选题开始，郭老师就给予我认真、细致的帮助和指导；在写作过程中，郭老师以严谨的治学态度，对论文提出修改意见，使我的学习能力得到了较大的提高。在此，谨向导师郭老师致以我最衷心的感谢！

在这几年当中，各位老师给予了我很多教诲，感谢王巾英教授、崔新建教授、林嵩教授、于广涛教授、肖海林教授、张爱卿教授、李永壮教授、刘小元、耿勇、陈金亮、李季等众多老师，在课堂上教给我知识和方法，并在博士论文开题和预答辩过程中给我提出了很多宝贵意见，使我能在更宽广的视野下开展研究；感谢各位匿名评审老师及答辩专家们，是你们的诚恳建议使文章不断完善；感谢在我论文数据搜集过程给予大力支持和帮助的给古鲁格其、陶然、刘昊霖、白文博、刘洛辰等学生；感谢在本书方法应用中给予大力帮助的金桩教授、杨瑞成教授、华晓龙教授，是你们支持了我的写作；感谢在校园各个角落互相交流讨论的谭江、孙军峰、崔志新、张哲、姜友文、刘佳、张晓娟、潘斌、黄东流等同学，同时，也衷心感谢内蒙古财经大学的众多领导及同事，是你们在工作和生活上支持了我的博士学习生涯。

还要特别感谢我的家人，没有你们的支持和鼓励，我是不可能完成学业的。特别是我的父亲母亲、先生和女儿，你们为我的求学之路付出了太多，奉献了太多，我在这里表示深深的感谢！

感谢所有爱护、帮助和支持我的人，这一份温暖我将永远铭记，在这里我对你们表示最诚挚的祝福！